Eugenio María de Hostos

Moral social

Barcelona **2024**
Linkgua-ediciones.com

Créditos

Título original: Moral social.

© 2024, Red ediciones S.L.

e-mail: info@Linkgua-ediciones.com

Diseño de cubierta: Michel Mallard.

ISBN rústica: 978-84-9953-350-6.
ISBN ebook: 978-84-9953-349-0.

Sumario

Brevísima presentación

La vida

Eugenio María de Hostos (1839-1903). Puerto Rico.

Nació en Mayagüez en 1839 y murió en Santo Domingo en 1903. Hizo sus estudios primarios en San Juan y el bachillerato en España en la Universidad de Bilbao. Estudió además Leyes en la Universidad Central de Madrid. Siendo estudiante luchó en la prensa y en el Ateneo de Madrid por la autonomía y la libertad de los esclavos de Cuba y de Puerto Rico. Por entonces publicó *La peregrinación de Bayoán* novela crítica con el régimen colonial de España en América.

Entre 1871 a 1874 Hostos viajó por Colombia, Perú, Chile, Argentina y Brasil. En Chile publicó su *Juicio crítico de Hamlet*, abogó por la instrucción científica de la mujer y formó parte de la Academia de Bellas Letras de Santiago. En Argentina inició el proyecto de la construcción del ferrocarril trasandino.

En 1874 dirigió con el escritor cubano Enrique Piñeyro la revista *América Ilustrada* y en 1875, en Puerto Plata de Santo Domingo, dirigió *Las Tres Antillas*, con la pretensión de fundar una Confederación Antillana.

Hacia 1879 se estableció en Santo Domingo y allí redactó la Ley de Normales y en 1880 inició la Escuela Normal bajo su dirección. A su vez, dictaba las cátedras de Derecho Constitucional, Internacional y Penal y de Economía Política en el Instituto Profesional.

Tras el cambio de soberanía de Puerto Rico en 1898 pretendió que el gobierno de Estados Unidos permitiera al pueblo de Puerto Rico decidir por sí mismo su suerte política en un plebiscito.

Decepcionado volvió a Santo Domingo donde murió en 1903.

Prólogo de la primera edición

Un día se levantaron alarmados mis discípulos. Vinieron a mí, y me dijeron:

—Maestro, urge publicar la Moral.

—Y ¿por qué urge?

—Porque los enemigos de nuestras doctrinas van por todas partes predicando que son doctrinas inmorales.

—Mal predica quien mal vive, y mal vive quien mal piensa y quien mal dice.

—Sí; pero no es tiempo de responder con comparaciones, sino con pruebas.

—Bien predica quien bien vive.

—Pero no se trata de las pruebas de conciencia, que siempre son ineficaces para los malignos.

—¿Entonces se tratará de pruebas de apariencia, que siempre son eficaces para los benignos?

—No. Se trata de pruebas contundentes.

—Pues eso es inmoral: la moral no contunde.

—Pero hunde y debe hundir a los que calumnian las buenas intenciones.

—De ellas está empedrado el infierno, así como de malas intenciones está pavimentado el mundo de los hombres.

—Por eso mismo hay que desempedrarlo y recalzarlo de buenas intenciones.

—Pues entonces no hay que publicar la moral en libros, sino en obras.

—Bien se ve que no basta, cuando nos calumnian.

—Son las calumnias de la propaganda en sentido contrario. Dejémosla pasar, que eso no daña, pues el mérito del bien está en ser hecho aunque no sea comprendido, ni estimado, ni agradecido, y vivamos la moral, que es lo que hace falta.

—Bien está —afirmaron con desidiosa afirmación—. Bien está, pero cuando se pida a las doctrinas calumniadas las pruebas de su moralidad...

—Y ustedes, ¿qué son, si no son pruebas vivas de ella? ¿Acaso no lo son? Porque si no lo son, a pesar de los esfuerzos que se han hecho, una de dos: o ustedes no han acogido sino por su parte externa las doctrinas, y en ese caso es inútil difundirlas, o la sociedad en que viven es por sí misma un obstáculo, y en ese caso...

—En ambos casos es preciso publicarla: en el primero, para que pasemos de fuera adentro de las doctrinas; en el segundo, para que disminuyan los obstáculos.

—¿Disminuir? Quizá aumenten. A la verdad, como las doctrinas más sinceras son las que resultan más radicales, tal vez escandalicen las sencilleces que yo les he dictado. Mejor, ya que tanto empeño tienen los amigos de las buenas intenciones, mejor será que solo se publique aquella parte de la Moral que se refiere a los deberes de la vida social.

—Pues bien: déjenos publicarla.

—Del país y de ustedes es. Tómenla y publíquenla.

Y por eso, después de mucho urgirme y de no poco contrariarme, consiguieron los jóvenes, a quienes se deberá, si vale algo y dice algo, que yo consintiera en la publicación de la MORAL SOCIAL.

El Autor
Santo Domingo, Julio 2 de 1888.

Introducción

I

El hombre es ya adulto de razón, y hasta se le puede considerar adulto de conciencia. Al menos, hasta cierto punto; hasta el punto mismo en que el desarrollo de la razón común ha contribuido al desarrollo de la conciencia colectiva.

Bien se ve a cada momento, en todas partes, contrariada esta afirmación por hechos tales, que denuncian una prepotencia incontrastable de instintos y pasiones sobre principios y deberes. Para que sean más dignos de consideración y de compulsa, esos hechos son tanto de origen individual como de origen colectivo. Individualidades representativas de su tiempo, colectividades representativas de la civilización histórica y actual, incurren a cada paso en irracionalidades tan contrarias a seres en progreso, y en inconsciencias tan contradictorias del grado efectivo de desarrollo a que ha llegado la humanidad, que motivan la honda tristeza de cuantos tienen idea suficiente del destino del hombre en el planeta.

Después de emancipada la razón, y cuando un método seguro la guía en el reconocimiento de la realidad y en el conocimiento de la verdad; después de emancipada la conciencia, y cuando tiene por norma infalible la fe en su propia virtud y potestad; después de emancipado el derecho, y cuando tiene en sus nuevas construcciones sociales la prueba experimental de su eficacia; después de la emancipación del trabajo, y cuando basta su reciente libertad para fabricar un nuevo mundo industrial que todos los días se renueva, surgiendo todos los días de la fecunda, la prolífica aplicación de las ciencias positivas, y cuando a la ciega fe en los poderes sobrenaturales ha sucedido la fe reflexiva y previsora en la potencia indefinida de los esfuerzos industriales, multiplicados por los esfuerzos de la mente; en suma, después de la conquista de todas las fuerzas patentes de la naturaleza, y cuando nos creemos, y efectivamente estamos, en el primer florecimiento de la civilización más completa que ha alcanzado en la tierra el ser que dispone del destino de la tierra, la divergencia entre el llamado progreso material y el progreso moral es tan manifiesta, que tiene motivos la razón para dudar de la realidad de la civilización contemporánea.

Verdad es que el estudio de las civilizaciones comparadas presenta al hombre de la civilización contemporánea en un grado de racionalidad mucho más elevado que el hombre de las civilizaciones precedentes; verdad es que el europeo contemporáneo puede más, porque sabe más, que el romano del Imperio; y que el americano digno de América vale más, porque tiene un derecho más orgánico, que el romano de la república; verdad es que los americanos y los europeos de nuestros días son mejores que los jónicos y los dóricos de Solón y de Licurgo, porque son más humanos; verdad es que la fábrica social de Egipto antiguo, con ser tan admirable, es inferior a la fábrica social del mundo europeo y americano, con ser tan rudimentaria; verdad es que la savia vital de nuestros pueblos es más poderosa, por ser más sana, que la de esa maravillosa sociedad fósil, que después de cincuenta siglos de existencia se conserva a los pies de los Altai, con la misma fuerza de inercia con que en las profundidades de los terrenos cuaternarios, los testimonios mudos de la mil veces secular antigüedad del hombre primitivo; verdad, en fin, que, para ser superior a toda otra, basta a la civilización occidental el ser la suma de todos los esfuerzos de las humanidades extinguidas. Mas, a pesar de todo eso, y precisamente por todos esos méritos, duele en la conciencia la incapacidad de la civilización contemporánea, para hacer omnilateral el progreso de la humanidad de nuestros días, y para hacer paralelos y correspondientes su desarrollo psíquico y su desarrollo físico.

Del uno al otro hay un abismo.

Hay, comparando lo máximo a lo mínimo, el mismo abismo que arredra en muchas personalidades históricas del pasado y del presente: admirablemente dotadas para realizar el bien, pero siniestramente desviadas de él, todo lo que tuvieren de superiores a su tiempo, lo tienen de inferiores a su destino.

Así la civilización occidental, cuanto tiene de superior a todas las civilizaciones antepasadas, tanto tiene de inferior al destino esencial de la civilización.

Civilización es racionalización, y no se racionaliza una humanidad, como la actual, que por una parte lleva el juicio hasta una concepción tan exacta de su destino como la hoy intuitiva en todas las generaciones que se levantan a recibir el legado del pensar contemporáneo, y por otra parte lleva la locura hasta no poderse guiar en la vida real o práctica o concreta por la noción de su destino.

Civilización es más que racionalización: es conscifacción,[1] porque todo proceder de la razón de menos a más, es proceder de menos conciencia a más conciencia, y en vez de hacerse más consciente a medida que se hace más racional, el hombre de nuestra civilización se hace más malo cuanto más conoce el mal, o se hace menos bueno cuanto más conoce el bien, o se hace más indiferente al bien cuanto mejor sabe que el destino final de los seres de razón consciente es practicar el bien para armonizar los medios con los fines de su vida.

Ni el hombre individual, ni el hombre colectivo de nuestro tiempo, acaricia ese ideal. Hay quienes lo tienen, claro está, y esos, para estar a la altura de su ideal, o viven mártires de él o son sus víctimas.

Pero esos mártires o víctimas del ideal humano, del destino ideal del ser humano, del verdadero, del sumo ideal, del que consiste en realizar o sustentar todos los fines del ser, armonizándolos, han podido vivir y han existido en civilizaciones inferiores, y los que existen en el seno de la civilización coetánea, aunque más que sus precursores, son muy pocos.

Los demás, lejos de mortificarse en el afán del ideal, se atemperan a la civilización anormal que contribuyen con la propia anormalidad a hacer más irregulares y más incompleta cuanto más inmoralmente legan a las generaciones venideras la tarea de mejorar, completar, armonizar y moralizar la civilización a que concurren.

Hombres a medidas, pueblos a medidas, civilizados por un lado, salvajes por el otro, los hombres y los pueblos de este florecimiento constituimos sociedades tan brillantes por fuera, como las sociedades prepotentes de la historia antigua, y tan tenebrosas por dentro como ellas. Debajo de cada epidermis social late una barbarie. Así, por ese contraste entre el progreso material y el desarrollo moral, es como han podido renovarse en Europa y en América la vergüenza de las guerras de conquista, la desvergüenza de

---

1   Sirva de excusa a estos dos neologismos la necesidad de expresar la idea que contienen. Tal vez para expresar el esfuerzo de hacerse cada vez más racional (racionalización), y el conjunto de actos voluntarios para hacerse más consciente (conscifacción); habrá vocablos más eufónicos, pero no los he encontrado.

la primacía de la fuerza sobre el derecho, el bochorno de la idolatría del crimen coronado y omnipotente durante veinte años mortales en el corazón de Europa, y la impudicia del endiosamiento de la fuerza bruta en el cerebro del continente pensador. Así, por esa inmoralidad de nuestra civilización, es como ha podido ella consentir en la renovación de las persecuciones infames y cobardes de la Edad Media europea, dando Rusia, Alemania, los Estados Unidos, los mismos Estados Unidos (¡qué dolor para la razón, qué mortificación para la conciencia!) el escándalo aterrador de perseguir las unas a los judíos, de perseguir los otros a los chinos. Así, y por esa inmoralidad constitucional del progreso contemporáneo, es como se ha perdido aquel varonil entusiasmo por el derecho que a fines del siglo XVIII y en los primeros días del XIX, hizo de las colonias inglesas que se emancipaban en América, el centro de atracción del mundo entero; de Francia redimida de su feudalismo, el redentor de los pueblos europeos; de España reconquistada por sí misma, la admiración y el ejemplo de los mismo pisoteados por el conquistador; de las colonias libertadas por el derecho contra España, inesperados factores de civilización; de Grecia muerta, un pueblo vivo. Ese entusiasmo por el derecho ha cesado por completo, y Polonia, Irlanda, Puerto Rico, viven gimiendo bajo un régimen de fuerza o de privilegio, sin que sus protestas inermes o armadas exciten a los pueblos que gimieron como ellos.

El culto a la civilización, que de ningún modo más efectivo y más digno de ella debería manifestarse que civilizando los pueblos cultos a los que están en el primer grado de sociabilidad, y ayudando en su tarea de civilizarse a los que la han comenzado con obstáculos que, abandonados a sí mismos, no pueden o no deben superar, ni siquiera es un deber a los ojos de los Estados. Se buscan acá y allá, principalmente en América y en Oceanía, islas estratégicas que gobiernen mares, estrechos y canales, y que aseguren la primacía comercial, y en caso de querella, la prepotencia militar del ocupante; se rebuscan los escondrijos de nuestro Continente, que se cree o se aparenta creer que no tienen dueño; se registra de Norte a Sur, de Este a Oeste, de Guinea a Egipto, del Delta al Níger, el Continente negro; en África, en América y en Oceanía, hoy como en los siglos XV y XVI, se ocupan territorios y jurisdicciones con la misma llaneza con que Colón ocupa las Antillas, con que Vasco Núñez de Balboa toma posesión del mar del Sur, con que

Vasco de Gama declara portuguesa una población de más de doscientos millones de hindúes, con que Cortés y Pizarro arruinan, en honor de España, dos civilizaciones que hubieran podido y debido utilizarse.

Hoy como entonces, y como en los viajes de exploración, aunque sean Cook y D'Urville los jefes de las expediciones, y aunque sea científico el objeto de ellas, el instrumento de civilización es el alcohol, y el procedimiento es el engaño o el pavor.

Sí: Liberia atestigua la altísima concepción del deber de filantropía, y será honra perpetua de los abolicionistas norteamericanos; el Congo es testimonio del noble modo de concebir el deber de civilización, y siempre será gloria de Bélgica, de Leopoldo II y de Stanley; Australia es el hecho de colonización más portentoso, y lo admirará la historia, loando la sabiduría de Inglaterra; las Hawai son prueba en favor del espíritu civilizador del protestantismo; y la entrada del Japón en la vía seguida por los pueblos civilizados de Occidente, obra será que para siempre ilustre el nombre del pueblo americano. Pero aunque la moral acepte como ofrendas a ella los actos interesados y el egoísmo nacional o individual que ella tiene la virtud de concluir por hacer méritos suyos, ninguno de esos servicios a la civilización han sido tributos a la moral. A excepción del Congo, Liberia, el Japón y las Hawai, en donde la población indígena ha sido respetada, en donde efectivamente es un experimento de civilización el que en definitiva hará la humanidad, ¿qué ha sido de los indígenas de Australia? ¿Qué ha sido de los indígenas de las Antillas? ¿Qué ha sido de los indígenas del Perú, de México, del Brasil, de la Argentina? ¿Qué de los pecuodes, de los narragansets, de los natches? ¿Qué de aquellos dulces, pacíficos, benévolos, inofensivos habitantes de la Acadia canadiense, que ni siquiera eran salvajes, que ni siquiera eran de raza distinta, puesto que eran franceses, defensores de Francia y del derecho de Francia en la despiadada guerra de desalojo que contra ella hizo Inglaterra en el Canadá? Los indiferentes al fin moral de la historia, semejantes a los católicos en la ecuanimidad con que se aplican las verdades de la ciencia que han contradicho y que los contradice, usufructúan la teoría de la selección y atribuyen a la lucha biológica la aterradora ruina de las mil sociedades que, en todos los grados de razón y de cultura, ha destruido con perseverante brutalidad el egoísmo nacional.

Pero el sofisma no prevalecerá contra la moral. Si la ley de evolución es una ley de la naturaleza física, tiene que ser una ley de la naturaleza moral, y no ha sido ni ha podido ser instituida para el mal: ha sido instituida, necesariamente ha tenido que ser instituida para el bien. El mal que de ella se haya deducido, culpa de los hombres será, obra de la torpeza de los hombres habrá sido.

Culpa ha sido, torpeza ha sido de los hombres que se tienen por civilizados, el estrago de sociedades y civilizaciones incipientes. El continente americano y el australiano, en donde más implacablemente ha consumado su obra de exterminio la civilización occidental, no tenían población proporcional a su extensión; no opusieron resistencia sino después de instigados por la ferocidad y la sensualidad de los usurpadores; no entablaron competencia de territorio porque lo cedían, ni de productos porque les sobraban, ni de trabajo porque lo prestaban de buen grado, ni de creencias porque fácilmente conciliaban con las suyas las imbuidas por los pocos invasores que se ocupaban de creencias. El único punto de la tierra reclamado por la civilización en donde se ha entablado la competencia por la vida, y no al principio de la ocupación, sino en los días de poderosas corrientes migratorias y de tremendo empuje de la industria, ha sido aquel punto geográfico de los Estados Unidos de América, conocido con el sobrenombre nacional de Far-West (Lejano Oeste), especie de tierra de promisión de los milenarios del progreso material, que la buscan como el cumplimiento de las profecías que el deseo de bienestar les ha hecho.

En esa tierra de promisión, única que hasta ahora ha realizado en la historia sus promesas, se planteó el problema darviniano; los pocos autóctonos de la América del Norte que aun quedaban han ido siendo, terruño tras terruño, despojados de los que, según pactos previos, ocupaban; pero ahí se puede decir que fueron despojados, porque era necesario que los más fuertes despojaran a los más débiles, pues efectivamente era y es formidable el impulso del trabajo en esas comarcas positiva y realmente reclamadas por el desarrollo de las fuerzas civilizadoras. Pues ni aun ahí ha sido la lucha biológica, sin la torpeza sociológica quien ha hecho el mal. Para evitarlo, habría bastado que los constituyentes hubieran incluido entre los casos de intervención los de notoria violación del derecho de los indígenas, según lo fijaban los tratados que, antes que violables a necesidad y conveniencia de los Estados federados por el hecho de ser pactos con salvajes, debieron por eso mismo ser sagrados e inviolables. Mas como las naciones sedicentes civilizadas no han seguido, en sus relaciones con las que consideran razas inferiores, otra que la conducta ignominiosa de los bandoleros de mar, para quienes el dolo, el engaño y la violencia son medios necesarios en cada arribo a territorio de salvajes, el Gobierno federal de los Estados Unidos ha obtemperado fríamente con los brutales despojos de derecho consumados por cada Estado de la Unión cada vez que han necesitado de territorios ocupados por los indios. No es la moral romántica, moral empapada en las exageraciones de los varios dogmas religiosos que piden al hombre lo que el hombre no debe dar, la que vitupera y condena ese innoble uso de la civilización; es la moral racional, la fundada en principios necesarios de la naturaleza humana, quien, poniéndose en el mismo punto de vista de los que cohonestan esas atrocidades del progreso con la necesidad de que se hagan y con la fatalidad de la ley biológica a que vidas individuales y colectivas están sujetas en su evolución del ser al más ser, en nombre de esa ley declara que la ley de competencia biológica no fue respetada en ninguno de esos casos.

Pero concedamos que las fuerzas ciegas debieran prevalecer sobre las fuerzas inteligentes de la civilización. ¿Es civilización la que así se deja vencer por las brutalidades naturales? ¿La civilización no es, al contrario, vencimiento de la fatalidad por la libertad, dominio de la fuerza por la inteligencia, apropiación de agentes naturales por agentes científicos y económicos, aprovechamiento de todo para mayor bien de todos, desarrollo tal de razón que cada vez haga más dueño de sí mismo al hombre, lo cual es hacerlo más consciente? Y hacerlo más consciente, ¿no es hacerlo más moral? Y ser más moral, ¿qué es sino ser más bueno, sino es evolucionar de mal a bien, sino es entablar la lucha por el bien, sino es realizar, cumplir, vivir la ley de competencia de la vida que, así como transforma los organismos por natural desarrollo y adaptación de lo superior a lo inferior, así transforma las civilizaciones, en virtud del desarrollo natural de la razón por el esfuerzo continuo para ser más racional, y por la adaptación del mayor bien al menor bien? Desolan, y ya han civilizado. Pero seres de razón, civilizar no es desolar; civilizar no es sustituir la población de un territorio con los advenedizos que ponemos en lugar de ella. Civilizar es proceder con alta razón, con entera y benévola conciencia, con dominio completo de los recursos y el objeto del progreso, y transmitir, para bien de ellos y para nuestro bien, atrayéndolos a la vida civilizada, que es vida de razón y de conciencia, a los seres que llamamos inferiores por solo ser más novicios en el uso de los recursos de la asociación.

II

La inmoralidad total que resalta en la vida de relación de las naciones y en la de cada pueblo culto, causa por una parte, por otra parte es efecto de la inmoralidad de los grupos inferiores y de la moralidad pasiva, negativa o pervertida del individuo social. Es causa, porque el ejemplo del todo trasciende, en forma de hechos persuasivos, a las partes. Es efecto, porque la acción de las ideas individuales asciende, de componente en componente, al compuesto general.

De ese modo, y por una continua y simultánea acción y reacción de los hechos sobre las ideas y de las ideas sobre los hechos, toda la vida social está contaminada de la misma indiferencia moral, que es mucho más peligrosa que la indiferencia religiosa, porque ésta se refiere tan solo a interpretaciones de lo absoluto por los relativos, en tanto que aquélla se refiere a la torpe concepción de sus relaciones por el ser llamado a conocerlas, acatarlas y aplicarlas a su vida esencialmente relativa.

En síntesis extrema, el problema de la vida social es este: desarrollar toda la fuerza de razón que corresponda al período biológico, lógico y sociológico en que se vive, para desarrollar toda la fuerza de conciencia equivalente al desarrollo de razón, con el fin de conocer la cantidad de bien ya realizado y los medios del bien por realizar.

Solo a ese precio se es humanidad, solo para eso se es humano. Si ese no fuera el fin real de toda vida, particular y total, no valdría la pena de vivirse, porque no sería una vida digna. Tanto valdría ser individuos de tipos inferiores; valdría más, porque la indiferencia moral de los tipos inferiores es una característica y no una responsabilidad, un ser lo que se puede ser, y no un dejar de ser lo que se debe.

Ya la razón humana es adulta, puesto que puede plantear el problema de la vida; ya la conciencia tiene edad suficiente para reprobar los desvíos del problema y para inducir a reformar el plan de conducta irracional e inmoral que sigue el hombre civilizado en el desarrollo de su vida.

Tan adulta es la razón, tan adulta la conciencia humana, que se puede probar exactamente la superioridad moral del hombre contemporáneo con respecto al hombre antepasado. Pero si es superior al pasado, no es igual a sí mismo; es decir, no es igual a lo que debe ser, a lo que su actual desarrollo de razón y de conciencia exige de él que sea.

El problema de la moral consiste en eso: en hacer que el hombre de esta civilización sea tan digno y tan bueno, tan racional y tan consciente como de la íntima correlación de la razón con la conciencia y de la conciencia con el bien, resulta que debe ser y puede hoy ser.

Por no serlo es por lo que se puede decir y decimos que es más malo cuanto más conoce el mal, pues claro es que si el conocimiento del bien es proporcional al desarrollo de conciencia, y el de conciencia al de razón, y ésta ha llegado ya al dominio de las fuerzas naturales conocidas, de donde se ha derivado la civilización superior en que vivimos, ya debiera practicar el bien, no por acaso, no por incidente, no como acción consecuencial de la fuerza que ha adquirido la verdad, sino como efecto buscado, como consecuencia premeditada, como palpitante expresión del aumento de dignidad y del conocimiento de ese aumento de dignidad humana en cada hombre.

Mas, para resolver su problema y conseguir que el hombre sea tan bueno cuanto ya es consciente, tan moral cuanto ya es racional, ¿qué ha de hacer la ciencia de las costumbres y de los deberes? Respondiendo de una vez: convertir los deberes en costumbres.

Acostumbrar a la idea del deber; demostrar que el deber no es tan austero ni tan repulsivo ni tan incompatible como se cree, con la abundancia y fecundidad de recursos que están a disposición del hombre, según su capacidad para conocerlos y emplearlos; presentar en la idea del deber la fuente más pura de moralidad; hacer de la práctica del deber el modo normal de desarrollo individual y colectivo, la norma, pauta, regla, y si es lícito ennoblecer este vocablo, el *comodín* de nuestra vida práctica; hacer ver con los ojos de la cara, palpar con los dedos de las manos, sentir con los nervios de la sensibilidad orgánica, que es más fácil, más útil, más conveniente, más grato, más bello, más bueno, más verdadero, más justo el ser hombre de su deber en todo caso que el no serlo en caso alguno; patentizar que el hombre es más hombre cuanto más hace lo que debe, porque así prueba que ha llegado a mayor conciencia de su racionalidad, y porque, probándolo, es más digno; probar, en fin, que ser civilizado y ser moral es ser lo mismo; que civilización y moralización de la humanidad debe ser el mismo propósito, y que, para cumplirlo, el modo más sencillo es atenerse al cumplimiento del deber en cada una de las relaciones sociales; tal ha de ser la idea de la moral.

Tal es la que aquí desenvolvemos.

Se presenta incompletamente desenvuelta, porque la moral social supone conocidos los fundamentos científicos de la moral, y el porqué funciona en ella el deber como elemento que naturalmente la organiza, y como el único verdadero elemento capaz de organizarla. Pero cuando se sigue el curso de la idea, aún incompletamente desarrollada, como se presenta en la moral social aislada, basta para vivificarla como vivifica la moral universal.

¿Qué otra idea puede tanto? Sin examinarla, para rehuir ociosas discusiones, basta hacer pensar que el deber reúne, abarca y contiene cuantas ideas parciales se han supuesto o puedan suponerse fuente de moral y origen de moralidad.

El mismo deber, concebido como ha sido, y presentado como ha sido presentado, concepto artificial deducido de ideas *a priori* y de principios también artificiales, no tiene tampoco la virtud orgánica que aquí le suponemos. Su fuerza de organización moral resulta de hechos positivos, y su fuerza científica dimana de ser el resultado de una inducción exacta.

Los hechos en que se basa la inducción son estos dos: 1.º Que la conciencia, una realidad orgánica en nuestro organismo moral, y no una palabra, una idea o un concepto, es susceptible de un crecimiento proporcional al de la razón. 2.º Que las relaciones del individuo con la sociedad y de los grupos con los grupos sociales y con la humanidad de todos los tiempos, son naturales, efectivas y patentes en todos y cuantos motivos o estímulos tiene la existencia colectiva.

Partiendo de estos dos hechos se llega a este principio: El conocimiento y acatamiento de nuestras relaciones con la naturaleza en general, y con la sociedad en particular, es condición de desarrollo para la conciencia, puesto que, reflejándose en ella toda la actividad psíquica, y especialmente la intelectiva, cuanto más activos sean los órganos, más activo es el organismo.

Ahora, como el conocimiento reflejo de una ley lleva a quien lo adquiere, que es la conciencia, a someterse a los preceptos de la ley, y el deber no es más que sumisión de conciencia a las leyes y principios, preceptos y reglas, mandatos y ordenanzas de la naturaleza en cualquiera de sus manifestaciones y en cualesquiera fines y propósitos de vida, el deber es una deducción espontánea de todas y cuantas relaciones nos ligan con el mundo externo, con el mundo interno y con el mundo social.

Este, que es el mundo en que directamente se aplica la moral social, relaciona y liga al individuo y a las entidades sociales con relaciones tan claras y positivas, y de ellas se derivan tan sesgamente los deberes del hombre social, que es imposible confundir esta noción del deber con la que suele entrar como una con causa de moralidad en la moral dependiente de otras ideas.

Pero aunque importe precisar los límites propios de la idea fundamental de un libro para así darle la fuerza lógica que ha de manifestar, lo que más importa aquí es obtener que se reconozca el poder constructivo del deber, para hacer de la moral el complemento de la ciencia del derecho, la última ciencia, la ciencia final, la que podría llamarse la ciencia de todas las finalidades, puesto que no hay fin de vida, derecho, ciencia, arte, industria, que no sea necesario realizar por medio del deber, en los cuales no entre el deber como un medio esencial de todos ellos.

Primera parte. Relaciones y deberes

Capítulo I. La sociedad y sus órganos

Definición de Sociedad.
Órganos del organismo social.
Descripción de tos órganos sociales: El individuo. La familia. El municipio. La región. La nación. La familia de naciones.

El fundamento de los deberes que la moral impone está en el conocimiento de las relaciones que ligan al hombre con la naturaleza general o con algunos de los aspectos particulares de la naturaleza. Y como la sociedad es un aspecto particular de la naturaleza, el conocimiento de los deberes sociales se funda en el conocimiento de las relaciones del individuo con la sociedad.

Ante todo, es necesario saber qué es sociedad y cuál es el objeto de la moral social; mas para saber cuál es el objeto de la moral social, hay que saber primero qué es la sociedad.

SOCIEDAD es una reunión espontánea y natural de individuos, con el objeto de satisfacer todas las necesidades de su vida física, moral o intelectual, que no podrían satisfacerse aisladamente por ninguno de los seres organizados para esa triple vida.

Claro está que, no pudiendo el individuo aislado satisfacer las necesidades de su vida, y siendo la sociedad el medio necesario para que el individuo realice fines de su vida, la sociedad es un *medio* que corresponde a un *fin*; y, por lo tanto, siendo natural el medio, es claro también que la sociedad está en el orden de la naturaleza, es por sí misma un aspecto de la naturaleza, es un verdadero fenómeno natural, un conjunto de hechos relacionados entre sí que constituyen una parte de la naturaleza y que están, como los hechos del orden físico, constituyendo un orden, y resultando de leyes inmutables.

No es ese, sin embargo, el único modo positivo de considerar la sociedad. Además de ser y presentársenos como una ley de procedimiento de la naturaleza, se nos presenta como una entidad biológica que vive por sí misma y realiza por sí misma los fines de su existencia. Con efecto, tan pronto como tratamos de sumar las actividades del vivir individual, hallamos en todas ellas, tanto en su motivo como en su objetivo, una relación de dependencia o una relación de referencia a un ser más universal y menos efímero que nosotros y que se nos presenta como un conjunto vivo de seres que, viviendo cada uno para sí, contribuye a la actividad del todo social. Ese todo social, compuesto de esas partes individuales, manifiesta una vida y una actividad que, aunque dependiente de la vida y actividad de las partes, tiene por sí misma operaciones y funciones propias. Bien se ve, pues, que la sociedad es un todo orgánico o un organismo compuesto de órganos varios, de funciones varias y de una multitud de operaciones, como sucede con cualesquiera otros organismos. Ahora bien, siendo la sociedad un organismo natural, evidentemente es una vida; y bien podemos decir, sin que la apariencia nos engañe, que toda sociedad es un ser viviente, por más que no sea un ser individual, sino colectivo.

Órganos del organismo social
Siendo la sociedad un organismo, ya se sabe que ha de tener órganos. Y los tiene. Son:

1.º, el individuo;
2.º, la familia;
3.º, el municipio;
4.º, la región;
5.º, la nación o sociedad particular;
6.º, la familia de naciones o sociedad internacional.

El conjunto de todos estos órganos es lo que llamamos sociedad general o universal, y la suma de todas las sociedades en todos los tiempos de la historia, pasados, presentes y futuros, es lo que constituye la humanidad. Cuando las ciencias sociales, como las morales, hablan de sociedad, se sobreentiende *Humanidad*.

Descripción de los órganos sociales
—El primer órgano es *el Individuo*. Es un ser viviente, compuesto de los órganos ya descritos (en la *Moral Individual*),[2] que compone por sí solo un organismo de organismos. El individuo es a la vez causa y efecto de

---

2   Segunda parte del *Tratado de moral*. (N. del E. Edición original.)

26

la sociedad; causa, porque sin él no existiría ella; efecto, porque sin ella no podría él cumplir sus fines. Esta íntima correlación entre individuos y sociedad, que es la fuente de los deberes sociales, es también la razón de la inutilidad de aquellos sistemas de filosofía política o moral que pretenden prescindir de uno de los dos términos de la relación.

El segundo órgano es *la Familia*. La familia es la primera evolución del individuo unido a otros individuos por la naturaleza, por los afectos, por la ley y por intereses del orden económico y moral: forma con sus congéneres la primera sociedad: de modo que puede decirse que si la familia es la primera evolución del individuo en su procedimiento hacia los fines de su vida, es también la sociedad elemental.

El tercer órgano es *el Municipio*. Conjunto reflexivo de individuos y familias reunidos para auxiliarse mutuamente en la satisfacción de las necesidades materiales, morales e intelectuales, el municipio continúa la evolución de la familia.

El municipio es la segunda forma natural de sociedad. Así como el individuo es una realidad viviente que resulta de fuerzas combinadas de la Naturaleza; y así como la familia es una reunión necesaria de individuos, así el municipio es una sociedad natural necesaria, que no resulta de artificio alguno, sino de la fuerza natural del principio de asociación y del reflexivo aprovechamiento del principio de asociación.

La Región es el cuarto órgano del organismo social. La región, comarca, departamento o provincia es una sociedad natural, compuesta de municipios, familias e individuos. Como el individuo se une al individuo para cumplir los fines de su especie, y forma la familia; y como la familia se une a la familia y constituye el municipio, el municipio, unido al municipio con las familias y los individuos que lo componen, forma la región, comarca, departamento o provincia. Es una sociedad no menos natural que las anteriores, pues está fundada en las mismas necesidades, aunque, por más extensas y por lo mismo menos intensas, son menos inmediatamente percibidas.

La Nación, sociedad particular, es el quinto órgano de la sociedad. La provincia se funda en necesidades mucho más extensas que las del municipio, la familia y el individuo, por ser también un órgano más extenso de sociabilidad: por la misma causa, la nación o sociedad particular de una porción de hombres reunidos en determinados límites geográficos, se funda en la mayor extensión que toman las necesidades del individuo y de los grupos anteriores, dentro del espacio que abarca un territorio poseído.

La nación es una sociedad general con respecto a los grupos sociales ya descritos, pero es una sociedad particular con respecto a los grupos que faltan por describir. La nación, que, en su territorio determinado, abarca los seres y grupos de seres racionales, asociados para fines más vastos, es un individuo colectivo en el conjunto de sociedades que forman la humanidad.

Familia de naciones o sociedad internacional es el sexto órgano social. Como hemos visto en los grupos anteriores, cada uno de ellos es más extenso en su actividad que el anterior, y según vimos que la familia es la primera evolución del individuo, así podemos ver que la sociedad internacional es, con respecto a los grupos anteriores, mucho más extensa en su actividad que todos ellos, y es comienzo de una evolución superior en que cada grupo nacional evoluciona hacia fines cada vez menos concretos o egoístas, y por lo mismo más humanos: una reunión de sociedades equivale a una familia de naciones. Por eso podemos comparar la sociedad internacional a la familia, y decir de ella que es, con respecto a una sociedad particular cualquiera, lo que la familia natural es con respecto al individuo.

Capítulo II. Objeto de la moral social. En qué se funda

Según acabamos de ver, la sociedad es un organismo viviente, que forma todo un aspecto de la naturaleza real, que es exponente de un orden real, y que está sujeto a leyes naturales. Por lo tanto, si la moral por sí misma es una ciencia, y si la sociedad es el sujeto de otra ciencia, es indudable que la moral social será también una ciencia, y que su objeto no puede ser otro que el de aplicar de un modo concreto las verdades abstractas de las dos ciencias en que está fundada.

Ahora bien, como la moral estudia aquel orden fundado en leyes invariables que, aunque integrante del orden universal de la Naturaleza, afecta de una manera más directa a nuestra actividad psíquica; y como las ciencias sociales estudian el orden natural de las sociedades, el objeto de la moral social no es otro que la aplicación de las leyes morales a la producción y conservación del bien social. En otros términos: el objeto de la moral social es aplicar al bien de las sociedades todas aquellas leyes naturales que han *producido el orden moral.*

Hablar de un orden moral es distinguirlo de un orden físico, e implícitamente considerarlo determinado o producido por leyes distintas de las que rigen el mundo físico, puesto que no pudiendo existir orden sin leyes, debe haber y puede haber leyes peculiares de orden peculiar que distinguimos del orden general de la naturaleza.

Aunque esa, en el fondo, es una distinción de mero método, pues siendo una la naturaleza, uno es el orden en que se manifiesta, importa sostener la distinción, para, tomando como punto de partida la diferencia establecida por el método entre la que se llama naturaleza física y la que se nos presenta o tomamos como no física o como totalmente independiente y distinta de ella, fundar, en esa afirmación de que hay una naturaleza moral, las relaciones que necesariamente han de unir a cuantos seres participan de ella.

Ciencia como es, la moral no se funda más que en realidades naturales, y no se nos impone, ni gobierna la conciencia, sino en cuanto sus preceptos se fundan en relaciones naturales. Estamos ligados por nuestro organismo corporal con la naturaleza de que es parte, y de ese vínculo natural entre todo y parte se derivan las relaciones de la moral natural. Nos relaciona de un modo más inmaterial con nuestros organismos intelectivo, volitivo y afectivo la que llamamos naturaleza moral o humana, y en todas las relaciones de ese orden se funda la moral individual. Pues de una serie de relaciones con la naturaleza social nace la rama de la moral que tiene por objeto patentizar y hacer amables los deberes que hacen efectivo el bien social.

Esas relaciones del hombre individual con el social, de cada individuo con el grupo y del grupo con la sociedad, son tan manifiestas como las que ligan cada organismo corporal con la naturaleza física, y cada conciencia con la naturaleza moral de que depende. Sería bueno exponerlas y enumerarlas, y lo haremos; pero es ocioso establecerlas por razonamiento: son hechos de la misma naturaleza a que se refieren, y eso basta para que se impongan a la ciencia. Lo importante es fundar la ciencia en ellas, y demostrar que no hay moral social sino en cuanto hay relaciones necesarias entre individuo y sociedad, entre las fracciones y el todo social, entre la humanidad y sus fracciones.

En cierto modo, hasta esa demostración es innecesaria, pues la crisis moral continua patentiza la insuficiencia de los motivos que teólogos, metafísicos y moralistas han atribuido a todas y cada una de las ramas de la moral. Patentizar esa insuficiencia es demostrar la realidad de motivos diferentes. Como esos motivos morales corresponden en toda la serie histórica a relaciones efectivas, basta evidenciar la insuficiencia de las unas para evidenciar la suficiencia de las otras.

Y efectivamente, con estar por naturaleza relacionado a la sociedad y a la humanidad, le basta al hombre para ser moral. Como esa es una realidad patente en la historia de los tiempos, basta a la ciencia. No solo basta, sino que limita. La ciencia moral, para ser ciencia, no puede salir de ahí: sus límites están precisamente dentro de las relaciones que enlazan la vida orgánica, psíquica y social del hombre con el orden cósmico, moral y social. Por tanto, si la moral general está fundada en las relaciones del hombre con la naturaleza general, la moral social se funda en las relaciones particulares del hombre con la sociedad.

Toda otra concepción del fundamento de la moral nos parece artificio indigno del grado de desarrollo a que han llegado la razón y la conciencia humanas. Ni una ni otra necesitan para la práctica del deber y para la busca reflexiva del bien, de otros estímulos que la excelsa dignidad del bien y del deber. Y si necesitaren de otros, prueba será de que no han llegado en su desarrollo al grado en que toda moral es consecuencia del conocimiento de nuestras relaciones positivas con la naturaleza, con nuestro propio ser y con el ser social.

Capítulo III. Exposición de las relaciones

El individuo humano está tan íntimamente relacionado con todos y cada uno de los órganos sociales que integra, y con la humanidad que personifica, como el átomo con las moléculas, las partículas, las masas y los mundos. Todo en él, vida física, vida moral, actividad de voluntad y de razón, sensibilidad psíquica y física, animalidad y conciencia, el ser entero, es una relación.

Depende de otros individuos en cuanto la ley de la generación, de la herencia y de los medios sociales lo sujetan a la influencia biológica, fisiológica y sociológica de sus generadores, de sus antepasados y de sus contemporáneos.

Depende de la familia en cuanto a ella lo llaman el instinto de reproducción y el de conservación, el egoísmo y el altruismo, las pasiones más perturbadoras y las más ordenadoras, las fuerzas más indisciplinadas de su naturaleza y las facultades a que más inmediatamente encomendado está el cumplimiento del destino individual.

Depende del Municipio, cuanto más capaz es de apreciar en su valor propio la fuerza orgánica de esa entidad social, con la cual está relacionado como individuo aislado, como individuo en la familia, como factor de producción y de consumo, como elemento jurídico y moral, como hombre de su derecho y como hombre de su deber.

Depende de la Provincia, porque el individuo está ligado a la Provincia por cuantas relaciones nacen del interés individual, del egoísmo de familia y de la vanidad local. La Provincia es el primer escenario de la actividad social del provinciano, y su propio interés le dicta su conducta; la Provincia es un Estado en que el derecho de familia entra por mucho, y el egoísmo de estirpe y de procedencia liga al provinciano; la Provincia es por sí misma una entidad pareada por la vida y por la ley a otras entidades provinciales dentro del todo nacional, y el provinciano se liga a ella por vanidad y por orgullo, con toda la fuerza de su personalidad: cuanto más provincial, más provinciano. Eso en cuanto a las relaciones por defecto; que en cuanto a las relaciones por conocimiento suficiente de la potencia integral de la Provincia en el desarrollo general de la Sociedad, no hay móvil honesto, desinteresado y puro que no sea un lazo de unión entre el provinciano y su Provincia.

Las relaciones de dependencia entre el individuo y la nación son todavía más numerosas y más poderosas: más numerosas, porque la Sociedad nacional es generalmente, para la inmensa pluralidad de los individuos, el último término de la evolución social, y en él agotan cuanta individualidad nativa y adquirida pueden y les es dable consumir.

Los individuos que pueden pasar de ese último término de la primera evolución, y están capacitados por su fuerza de humanidad o de cultura para entrar en la segunda evolución, se hallan inmediatamente ligados a la sociedad internacional por cuantos vínculos inmateriales tiene la razón en el espectáculo de la vida de la sociedad universal en un momento dado de la historia, y por cuantos estímulos comerciales e industriales tiene la actividad física en un momento dado de la civilización.

El hombre, ante todo, es ser humano. Orden de un tipo, individuo de una especie, está ligado con los indestructibles eslabones de la cadena fisiológica a todos los individuos de la especie entera. Cualquiera sea el lugar de nacimiento, la tradición de la raza, la influencia de la familia, el carácter de la nación, el sello de la civilización, está indudablemente ligado por su naturaleza a todo hombre, porque todo hombre es la misma viviente expresión que él es de las mismas necesidades biológicas y sociológicas.

De tal modo es esa relación necesaria entre los seres humanos un hecho regular y normal, que en él está basada, por lo que respecta al pasado, la Historia de la Humanidad, y en él se basan la sociología y la moral, por lo que respecta al porvenir. La antropología está de tal modo segura de ese hecho, que todas sus inducciones, especialmente las a veces formidables de la antropología ante-histórica, no tienen otro fundamento substancial. El hombre, es hombre, y como tal, humanidad; hombre de ayer, de hoy, de mañana, del viejo y del nuevo mundo, de la vieja tierra que produjo el último período glacial, de la tierra nueva que producirá la venidera marea polar, siempre idéntico a sí mismo en necesidades de vida y de conciencia.

Capítulo IV. Clasificación de las relaciones

En esta indagación de las relaciones que ligan al hombre con el hombre en todos los grupos y órganos de la Sociedad, lo difícil no es descubrir los vínculos: son tantos, cuantos son patentes. Lo difícil es establecer una clasificación sólida y sobria, precisa y efectiva, que presente del modo más obvio los grupos de relaciones reales que actúan de continuo en la asociación natural de los conscientes y de la cual se deriven espontáneamente los grupos de deberes que ellas incluyan.

Ésa, como cualquiera otra clasificación, ha de fundarse en un análisis, y el análisis ha de referirse puntualmente a las propiedades del objeto analizado.

El hombre social es aquí el objeto del análisis. ¿Cuáles son las propiedades de este todo? Las de un compuesto de cinco elementos invariables de sociabilidad.

Para que ésta fuera una ley de la naturaleza, era preciso que el ser sometido a ella se sometiera por la misma eficacia de sus condiciones naturales de existencia y por el secreto ascendiente de los propios fines de su vida. La ley, de otro modo, no hubiera sido ley, no habría podido ser ley de la naturaleza humana. Si lo es, no por imposición lo es, sino porque las condiciones absolutas de la ley natural concuerdan exactamente con las condiciones del ser a quien rige, o porque las condiciones del ser regido por la ley de sociabilidad son tales cuales convienen y conciertan con el orden universal a que él concurre.

El hombre social es un ser de necesidad, y la ley de sociabilidad es un medio propuesto por la naturaleza al hombre para que, realizando ese fin, cumpla con una de las condiciones de su vida.

El hombre social es un ser de gratitud, y la ley primordial que lo rige, el cumplimiento de esa condición coadyuva.

El hombre es un ser de utilidad, y la ley de asociación universal promueve la realización de ese fin individual y colectivo.

El hombre es un ser de derecho, y la sociabilidad es ley natural de las sociedades para determinar, desarrollar y concurrir a realizar esa altísima condición de la dignidad de nuestra especie.

El hombre es ser de deber, y la sociabilidad es una ley natural de la Sociedad para hacer posible ese enaltecimiento de la personalidad, ese triunfo de la naturaleza humana, esa solución del problema de la vida individual y colectiva por el más poderoso factor de la naturaleza humana: la conciencia.

En términos directos: el hombre, en cuanto ser social, es un compuesto de esos cinco elementos infalibles: la necesidad, la gratitud, la utilidad, el derecho, el deber.

La necesidad lo obliga con las tres fuerzas de su triple naturaleza, física, racional, consciente, a utilizar y cumplir la ley de asociación. La gratitud lo persuade, con todas las impulsiones de su sensibilidad y con todos los resplandores de su imaginación, a someterse a una ley de la naturaleza, tan eficaz en su propósito y tan armoniosa con el objetivo de la humanidad, que sin ella no podría el individuo identificarse con la especie y reconocer en ella su eterno bienhechor. La utilidad lo induce, con todos los impulsos de su egoísmo y con todos los atractivos de su cálculo y su ingenio, a aprovecharse, en beneficio propio, y si es posible, en beneficio ajeno, de una ley natural que, sorprendiéndolo en una de las realidades de su ser, se le muestra como menos vergonzosa de lo que él temía, y lo solicita a emplearla en bien de todos. El derecho y el deber, inseparables resplandores de la conciencia, no brillan nunca en la conciencia que no lucha: brillan con el más puro, con el único puro destello de la personalidad humana, cuando ésta se exalta con el combate por el derecho y el deber, y se eleva por la dulce, benévola y apacible conciencia de sí misma, hasta el grado extremo y supremo de humanidad, de racionalidad y de conciencia en que la relación de los medios y los fines es patente, y en que todas las relaciones que nos ligan con los hombres se reducen a la más noble, más pura, más desinteresada, y, por lo mismo, a la más penosa: la relación de deber. Ahora, ¿de qué procedimiento más eficaz hubiera podido valerse la naturaleza para exaltar la del hombre hasta ese altísimo grado de humanidad, si no hubiera aplicado a su objeto la ley de sociabilidad?

Solicitado, instado, urgido por ella, el individuo satisface necesidades, paga beneficios con agradecimientos, enlaza con la suya la utilidad general, combate como héroe por su derecho y se sacrifica como mártir al deber; pero lo hace, no tanto porque la ley natural a eso lo llama, cuanto porque su propia naturaleza encuentra en los procedimientos de la asociación los medios relativos a sus fines de existencia. Existencia que trasciende involuntariamente del individuo a la especie, consta de esos cinco medios, instrumentos o recursos naturales que, conjunta y separadamente, constituyen cinco elementos de sociabilidad.

Siendo, pues, propiedades distintivas del ser sociable la necesidad, la gratitud, la utilidad, el derecho y el deber, todas las relaciones que ligan entre sí a los hombres de cada época histórica y a los de tiempos actuales con tiempos venideros o pasados, tienen lógicamente que agruparse, según la dependencia en que están, de alguna de las propiedades naturales del ser social. Fuera de la necesidad, de la gratitud, de la utilidad, del derecho y del deber, ningún otro medio propio de la naturaleza humana tiene la virtud de cooperar al propósito de asociación universal y omnímoda a que aspira la ley de sociabilidad. Por lo tanto, si hay relaciones naturales entre el individuo y la sociedad, y todas ellas se manifiestan en actos de necesidad, de gratitud, de utilidad, de derecho o de deber, es evidente que todas las relaciones que ligan a los hombres entre sí, a los grupos con los grupos sociales, a los órganos con el organismo social, el individuo humano con la especie humana, se han de clasificar según las propiedades del ser social.

En consecuencia, sobre ese análisis se basa esta clasificación de las relaciones que ligan el individuo a la sociedad:

Relación de necesidad;

Relación de gratitud;

Relación de utilidad;

Relación de derecho;

Relación de deber.

Capítulo V. Análisis de las relaciones del hombre con la sociedad: relación de necesidad

El hombre individual se asocia al hombre individual y constituye todos los grupos de asociación, no porque quiera, sino porque tiene necesidad forzosa de hacerlo así. Todos los hombres, por enemigos que sean de las trabas que impone toda asociación, necesitan urgentemente de la sociedad.

Tan urgentemente necesitan que, sin ella, ni aun la familia existiría; y no existiendo la familia, no podría tampoco existir la especie humana. Por tanto, la familia, que es el primer grupo social, es también la primera forma de relación entre el individuo y la sociedad, y bien se ve que es esa una relación de necesidad.

Después de la familia, el individuo por sí mismo, y por medio de la familia, está ligado al segundo grupo social o municipio. Y ¿qué relación es la que liga con el municipio al individuo y la familia? Ante todo, una relación de necesidad, pues notorio es que individuos y familia se agrupan en municipios por necesidad de su propia subsistencia.

También es relación de necesidad lo que liga al individuo con todos los demás grupos, puesto que con todos ellos funciona como elemento de vida y para los fines de su propia vida individual.

No hay, pues, precisión de recorrer uno por uno los grupos sociales para demostrar y probar que esta relación de necesidad es la primera, aunque no la única, que liga al individuo con la sociedad. Sin embargo, puesto que el fundamento racional de los deberes del hombre individual y colectivo está en el fondo de las relaciones que los ligan, importa patentizarlas, aunque de suyo sean tan patentes como la relación de necesidad que liga a individuos, familias y municipios con el órgano inmediatamente superior.

La provincia, que es ese órgano, es principalmente una resultante de la necesidad que dentro de cada organismo nacional crea la distribución natural de zonas orográficas e hidrográficas. Los individuos, familias y municipios que constituyen un todo provincial, están ligados a él por esa primera fuerza de la necesidad natural que ha producido el todo de que dependen. La peculiaridad de la zona determina la peculiaridad de necesidades, y la peculiaridad de necesidades la de las satisfacciones; de modo que es necesario o prescindir de la provincia y realizar en otro medio su existencia, o concurrir a la vida de la provincia, y dentro de ella satisfacer las necesidades de municipio, de familia y de individuo, según las condiciones físicas y morales de la provincia misma.

Individuos, familias, municipios y provincias concurren por necesidad a la existencia de la Sociedad nacional, puesto que todos y cada uno de esos órganos necesita del organismo general, del cual son partes.

Necesita de él en todas y para todas las manifestaciones de su vida peculiar. Necesita el individuo, porque completa en la nación su actividad orgánica, afectiva y volitiva, consumando casi siempre en ella su actividad intelectiva. La familia necesita de la nación hasta para existir, pues la razón de su existencia es la ley, y su existencia es tanto más noble y elevada cuanto más noblemente está constituida la nación y es más capaz de legislar conforme a los fines reales de cada uno de sus integrantes. El municipio necesita de la nación para realizar la primera entre todas las condiciones de su vida, que es la capacidad de regirse por sí mismo. La provincia necesita de la nación hasta para ser provincia; pues no basta que haya una constitución geográfica peculiar que haya producido peculiares modos de ser en una porción del territorio nacional y de la Sociedad nacional, para que exista legalmente tal provincia: es indispensable el reconocimiento legal, y no puede hacerse sino en una ley de la nación.

Toda nación, con todos los órganos que subordina, está obligada por ley de necesidades naturales a toda nación organizada o embrionaria, siempre que esa otra nación produzca y consuma, sienta y piense, se mueva y cambie. Aun no cambiando, se verá forzada a la relación: así entran en la vida común de la civilización los pueblos primitivos. Aun no moviéndose, tendrán que concurrir a satisfacer esa necesidad de vida: así, China, en Asia; Paraguay, en América; Japón, entre las Islas; África, entre los continentes, se han visto compelidos a salir de su aislamiento para satisfacer necesidades materiales e inmateriales de otros pueblos.

Capítulo VI. Segunda relación. Relación de gratitud

A poco que se reflexione se verá que, después de nuestras propias necesidades, lo que más nos liga a los demás hombres es la gratitud.

Con efecto, en nuestra calidad de miembros de una familia estamos tan íntimamente ligados a ella por la gratitud, que nos reconocemos hechura suya desde la cuna hasta la tumba. Si nacemos, a la familia lo debemos; si nos conservamos, por la familia es; si nos educamos, por la familia lo hacemos; presentes, por ella trabajamos; ausentes, por ella anhelamos; felices, por ella y dentro de ella lo somos; desgraciados, por ella lo sentimos; enfermos, por ella tenemos la muerte; moribundos, a ella volvemos la mirada.

En todos esos estados individuales el sentimiento de la gratitud es el que tan íntimamente nos liga a la familia.

Cuando la moral enseñe a cultivar de una manera viva y activa este sentimiento, bien se puede asegurar que se habrá salvado la civilización, porque se habrá dado a la familia una fuerza de cohesión que no en todas partes tiene, que tiene en pocas partes.

Esa misma relación de gratitud no tan intensa ya, aunque más extensa, es la que liga al individuo con el municipio. De ella es de donde nace el cariño casi filial y el afectuoso interés con que los habitantes de un municipio miran los asuntos comunes de interés municipal.

El día en que la moral social se haya desentendido de sus errores teológicos y metafísicos para solo ver la base de la moral pública en donde efectivamente está, la salvación política de los municipios será un hecho; y no habrá habido, para realizarlo, mejor auxiliar que la moral social.

La misma relación de gratitud liga al hombre con la provincia en donde nace y a veces en donde solo vive. Y es que la provincia, como todos los grupos sociales, es para cada individuo una familia, cada vez más extensa, a la cual debe siempre beneficios que agradece.

Este sentimiento de gratitud provincial se suele exagerar hasta convertirse en el defecto que se llama *provincialismo*, así como suele exagerarse con el *localismo* la gratitud debida al municipio, y con el *nacionalismo* la gratitud debida a la nación. En todos esos casos es un vicio contrario al deber de gratitud. La gratitud relaciona al individuo con la Sociedad nacional, y constituye lo que ya veremos que no es un simple sentimiento, sino un verdadero deber de patriotismo.

A medida que se extiende esta relación de gratitud a la universalidad de los hombres, va haciendo más vigorosa la fuerza de la dignidad humana, de tal modo, que el hombre que más vivamente siente la gratitud que a la humanidad debemos por sus incesantes beneficios, es el más humano.

Capítulo VII. Tercera relación. Relación de utilidad

Como que la moral no es un cuerpo de preceptos instituidos *a priori* por un propósito más o menos generoso, sino deducidos *a posteriori* del examen experimental de la naturaleza efectiva del hombre y de la sociedad, no hay por qué vacilar en incluir entre las relaciones del hombre social esta relación de utilidad.

Tanto menos se ha de vacilar, cuanto que el más escrupuloso análisis nos demuestra que el sentimiento y el instinto de utilidad, además de ser una efectiva relación, son un medio positivo de compeler al individuo a cumplir con los deberes que tiene para con la sociedad.

Con efecto, así como la necesidad nos llama a ser sociales, y así como la gratitud nos obliga a vivir contentos en la sociedad de nuestros semejantes, así la utilidad nos compele a concurrir con todas nuestras fuerzas al sostenimiento y conservación de la sociedad.

Vamos a verlo presentando esta relación de utilidad en cada uno de los grupos sociales.

En el primer grupo, el individuo está ligado por la utilidad a la familia: le es útil a la familia en la triple actividad de su naturaleza y para cualesquiera propósitos parciales de su vida. Es tan evidente esa verdad, que basta comparar la vida de un huérfano con la de un hijo de padres vivos, para verlo; o basta comparar al adulto que ha constituido ya familia con el que desatiende este fin de su existencia social, para ver cuánto más poderoso en recursos naturales y artificiales es el primero que el segundo.

La influencia que tiene el instinto y el sentimiento de utilidad en la constitución y desarrollo de los municipios es tan manifiesta, que sin ella no existiría el municipio.

Y a medida que se extienden los grupos y se hace menos apremiante el afecto del individuo para con su grupo, se ve que la relación de utilidad se hace más íntima y compulsiva.

Así es como, en el grupo provincial, la utilidad es todavía más compelente para el individuo que en el grupo municipal.

En el grupo nacional, más todavía que en el anterior. En el grupo internacional, más que en el nacional. Y cuando se trata de la sociedad de todos los tiempos y lugares, de la humanidad coetánea y pasada, casi puede decirse que la mayor parte de los hombres no reconocen para con ella más deberes que los derivados de la relación de utilidad; pues hasta la misma gratitud que se debe al esfuerzo de nuestros antecesores para establecer una sociedad cada vez mejor, se nos presenta por el prisma de lo útil que fue para el hombre de hoy la humanidad de ayer y la de antes de ayer para el de ayer.

Capítulo VIII. Cuarta relación. Relación de derecho

A medida que vamos elevándonos en el examen de las relaciones, éstas se van también enalteciendo. Y ésta influye de tal modo en la moral, que los hombres que mejor cumplen los deberes que corresponden a las más altas relaciones, son los más morales. Así es como la importancia de la relación de derecho se debe hacer manifiesta para quien haya comprendido que el objeto real y positivo de la moral consiste en ligar cada vez más y mejor los fines de la vida individual con los fines de la vida colectiva.

Como el derecho es por sí solo uno de los elementos más efectivos de organización que existe, la relación de derecho es también una de las más trascendentales.

Lo es en el primer grupo porque, cuanto mejor se conoce y practica el derecho en la familia, tanto más íntima es la unión de la familia, y tanto mejor cumple ella con su fin social.

En el segundo grupo trasciende la relación de derecho a los fines de la vida municipal, porque el individuo funciona en el municipio de una manera menos personal y más como hombre de su derecho que en la familia.

Eso mismo sucede, pero en mayor escala, en el grupo provincial; y por eso también la relación de derecho es más trascendental en éste que en el grupo anterior.

Todavía es mayor esta influencia del derecho en la vida nacional, vida en la que el hombre se transforma en ciudadano, es decir, en persona jurídica, que ve, al través de su derecho, sus relaciones con la sociedad y su facultad de exigirle lo que él cree más ajustado a su derecho.

En el grupo internacional, la relación de derecho llegará a ser más trascendental todavía que lo es en el grupo nacional. Y si eso no sucede hoy mismo, se debe a lo mal constituida que está todavía la familia de naciones.

En cuanto a la capacidad del derecho para ligar el individuo con su especie, el hombre con la humanidad, el sumando con la suma, el destino personal de cada uno con el destino específico de la raza entera, es patente. Aun en los tiempos de crisis moral vemos en los otros, y experimentamos en nosotros, palpitaciones violentas de alegría, gritos ahogados de varonil satisfacción, impulsos vehementes de armarnos para la defensa del derecho, cada vez que una porción de humanidad, civilizada o bárbara, propugna por su independencia o por su libertad o por el mejoramiento de sus instituciones jurídicas.

Ni aun el placer de la verdad es tan intenso como el placer de la justicia. Cuando los chinos sucumben, por no ceder a la injusticia de Francia e Inglaterra coaligadas contra ellos; cuando Arabi-Bey personifica contra fuerzas y poderes superiores el derecho de una raza; cuando el Zulú se irgue con toda la fiereza del salvaje y defiende con salvaje derecho la posesión del suelo patrio; cuando Dinamarca, débil, no vacila en medir sus armas con el más poderoso de los ejércitos disciplinados; cuando Túpac Amaru reivindica en las solitarias altiplanicies de los Andes peruanos el derecho y el poder de la raza malograda; cuando los natchez prefieren ser exterminados antes que ceder de su derecho; cuando Colocolo agita, con sublime inspiración del derecho de su pueblo, los brazos mutilados para azuzar a los suyos al combate; cuando Dessalines prefiere deshonrarse con sus crueldades antes que, por blando, dejar en peligro la independencia de los negros; cuando Espartaco se arma inútilmente contra Roma; cuando los Gracos personifican heroicamente los derechos de la plebe; cuando el judío de Venecia, aun siendo un alma sórdida, llora y maldice la burla hecha a su derecho; cuando el Dante imagina los tormentos de su infierno para los tiranuelos de Pisa; cuando Don Quijote, en la aventura de los galeotes interpreta, aunque demente, un derecho superior al derecho escrito; cuando Ercilla se levanta cien codos por encima de su patria y de su tiempo, y engrandece a los vencidos aún a precio de disminuir la grandeza de sus propios compatriotas; cuando en la historia o la novela, en la realidad o en el arte, en el pasado o el presente, por lejanos o por afines, por ignorados o por amigos, por cultos o salvajes, por hombres de la misma raza o de distinta raza, por débiles o poderosos, por pueblos o individuos, vemos defendida y sostenida la justicia contra la injusticia, palpita violentamente el corazón, respiran ruidosamente los pulmones, hierve la sangre, nos electriza el placer de la justicia, y, sintiendo ese placer digno de hombres, proclamamos la fuerza con que el derecho liga a los hombres con los hombres.

Capítulo IX. Quinta relación. Relación de deber

Aunque los deberes se derivan de las relaciones que nos ligan, ya con la naturaleza física, ya con la naturaleza moral, ya con la naturaleza social, y, por lo tanto, parece que no puede haber una relación particular de deberes, la establecemos para patentizar la íntima unión que hay entre los derechos y deberes de los individuos en la vida de la sociedad.

La relación de deber es evidente en cada uno de los grupos sociales.

En el grupo de la familia se presenta por sí mismo a completar el vínculo biológico con el sociológico; a hacer más fuerte con el lazo moral el lazo jurídico; a perfeccionar, por medio del afecto meditado de la paternidad instituida, por medio de la obediencia reflexiva, la dependencia natural y legal de los inferiores a los superiores del hogar; a hacer del trabajo, no solo un recurso, sino una devoción; no solo un esfuerzo, sino un estímulo placentero; no solo un modo de conservación, sino un holocausto de cada día.

La relación de deber liga a los vecinos entre sí, no ya tan solo como secreta sugestión del egoísmo para hacer más segura la vida del individuo y la familia en un hogar más extenso, y para hacer más fáciles las satisfacciones en una mayor esfera de necesidades, en una más completa división del trabajo común y en un mayor aliciente para la vida por una mayor necesidad de esfuerzos y por el desarrollo de una más varia actividad, sino también porque la fuerza fisiológica de la sociedad de la familia empieza a convertirse, dentro de la sociedad municipal, en fuerza más reflexiva que instintiva, en ente más de razón que de naturaleza, en obra de voluntad más reflexiva.

El conjunto de deberes que relaciona y armoniza la vida regional continúa de una manera más activa el movimiento ascendente, la verdadera evolución del principio de sociabilidad, puesto que, a medida que la masa se dilata, la fuerza de cohesión se debilita, y ya empezaría en la región a ser nula o negativa si el vínculo del deber, estrechando con la fuerza eficaz de la cooperación los elementos sociales que concurren a la personalidad de la región, no afianzara el vínculo físico que de consuno constituyeron las causas naturales que dan origen a la región. Con efecto, ni los caracteres físicos ni los históricos bastarían en cada sociedad nacional para la subsistencia del grupo regional, si la relación de deber no funcionara en él. En cada territorio poseído por una familia étnica o histórica, la peculiaridad misma de los caracteres físicos de la comarca sería un motivo de especialización que haría de cada comarca una sociedad particular, un grupo definitivo, un Estado de derecho, y en él acabaría la evolución social. Si en la historia antigua más puntualmente conocida y en los siglos medios de Europa, cada peculiaridad física del territorio, corroborando el esfuerzo de cada peculiaridad étnica e histórica, hizo definitiva la evolución social en cada grupo comarcano, produciendo estados regionales, no nacionales, en el Ática, en el Peloponeso, en la Fenicia, en el Asia Menor, en el Egipto, en la Media, en la Persia, en la India, en la misma China, y después del despedazamiento de Roma, que nunca fue un Estado nacional, sino la suma incongruente de cine Estados regionales, en las sociedades comunales de Italia y en las sociedades feudales de toda Europa, solo por la acción cada vez más poderosa del deber que, vigorizando la fuerza del derecho, construyó con las autonomías divergentes de cada sociedad regional el Estado nacional, pudo llegarse a la nación.

Cuando se hubo llegado, solo esta poderosa relación de deber pudo dar a la relación de derecho la potencia orgánica con que ha conservado unidas en una sola sociedad general los grupos y los elementos sociales que en ella se unen y funcionan.

Por lo que respeta a la sociedad internacional, el vínculo artificial con que las liga el imperfectísimo derecho de gentes que la rige, se rompería definitivamente en cada uno de los conflictos que de continuo lo violentan, si no fuera por la superior relación de deber que, infundiéndose en las necesidades, egoísmos, instintos, pasiones y comunidad específica de los pueblos, maneja secretamente las fuerzas comerciales, industriales, económicas, políticas, científicas, artísticas, y las dirige hacia el fin común de la asociación universal.

Del individuo para la humanidad no habría relación suficiente, a pesar de ser tan estrecha la establecida por la relación natural de la parte con el todo, si el deber, moralizando de continuo el individuo, no fortaleciera de continuo el lazo específico que cada día hace conocer mejor a la razón, sentir más a la sensibilidad, estimular con más energía a la voluntad y enfrenar a la conciencia individual.

Capítulo X. Del deber y su función en la economía moral del mundo

El deber es el freno de la conciencia. Sin él, la conciencia se desboca. Ya la estimule el instinto capitaneando la legión de necesidades que él concita y que lo excitan, ya la espolee el egoísmo con el aguijón de la utilidad y la pasión; ya la persuadan o la engañen la sensibilidad y la imaginación, aunque el generoso derecho la impulse, la conciencia individual estaría desenfrenada sin descanso y desviada sin remisión, si el deber no pudiera dirigirla.

Pero la función del deber en el organismo espiritual del hombre y en la economía moral del mundo es tan ordenadora, como necesariamente había de ser para hacer del orden social un orden complementario del de la naturaleza: o con mucha mayor exactitud, para hacer de la sociedad humana uno de los órdenes parciales de la naturaleza.

Sin moral no hay orden y sin deber no hay moral. Todos los preceptos de los moralistas, todos los dogmas morales de las religiones positivas y filosóficas, todas las persuasiones del ejemplo del bien, todas las virtudes, nada son si no son expresiones concretas de deberes cumplidos concienzudamente; de nada sirven en la guía de la conciencia individual y colectiva, si no tienen la virtualidad ordenadora, si, por lo tanto, no tienen la potencia moralizadora del deber. Cuando él se apodera de una conciencia, la hace buena; cuando la domina, vence con ella todo mal; cuando la encamina, crea un poder incontrastable; cuando la posee, posee el imperio de la vida. Otros imperarán sobre intereses y egoísmos, ella imperará sobre sí misma. La vida, para ella, será el cumplimiento de un deber, y cumplirá imperturbablemente con el deber de subordinar los medios a los fines de la vida racional para dar hombres completos.

Aunque todavía no ha llegado el deber a apoderarse definitivamente de ninguna conciencia social, cuando por un momento domina una, la vigoriza con tan enérgica salud, que la rejuvenece.

La causa de esa potencia esencial del deber es obvia: es una fuerza natural que, operando sin obstáculos en un momento de conciencia individual o colectiva, produce lo llamado por su propia naturaleza a producir; la armonía de las fuerzas en la actividad del individuo y la espontánea conciliación del propósito característico de cada vida individual con el propósito ideal de la existencia colectiva.

Esta función refrenadora, ordenadora y armonizadora del deber no actúa intermitentemente ni en razón de una actividad anormal del órgano del deber, que es la conciencia, sino de una manera continua y en virtud del desarrollo natural del órgano. Cuando la conciencia crece, crece con ella la impulsión del deber. Entonces, la idea de la responsabilidad se hace más clara, porque la concepción de los fines de la vida se hace más alta; y como a medida que se eleva nuestro concepto de los fines se eleva con ellos la idea de los medios, poco a poco vamos desentendiéndonos primero de los inapropiados, rechazando firmemente después los contrarios a nuestra dignidad, cada vez más concienzuda, y llega un momento de completo dominio de todas nuestras fuerzas por la conciencia, que es el momento de predominio del deber. Así, del modo más natural, sin ninguna intervención de elementos que no podamos dirigir ni manejar, se verifica en cada existencia racional y consciente la función del deber.

Así es también, aunque de un modo un poco más complejo, como funciona el deber en la economía moral del mundo. Como a medida que se desarrolla la razón se desarrolla también la conciencia individual, cuando motivos de vida práctica inducen al individuo a torcer la dirección y a contener el desarrollo del núcleo de nuestra actividad moral, se establece una lucha del individuo consigo mismo, que da por resultado el malogro de su felicidad. El espectáculo de esa lucha y de sus penosas consecuencias tiene siempre algún testigo, sobre el cual opera como un ejemplo compulsivo. Por evitar el dolor secreto que presencia, evita la lucha que lo produjo. Siendo muchos los que combaten en sí mismos el progreso de la conciencia hacia el deber, muchos también son los secretamente amonestados por esas vidas malogradas. La observación y la experiencia de ese daño causado por la violenta desviación de nuestras fuerzas interiores va poco a poco formando y fortaleciendo la conciencia colectiva, a cuyo desarrollo va a la par favoreciendo el crecimiento de la razón común, estimulada por la educación cada vez más racional del individuo y por las pruebas cada vez más eficaces de poder que da la razón humana en su busca e indagación de la verdad y en su victoriosa aplicación al mejoramiento de las condiciones materiales y morales de la vida. Aunque lentísimamente, así se va formando la idea de la trascendencia del deber en el perfeccionamiento de los medios y los fines de la existencia humana, y así es como él, enlazando de continuo entendimientos, voluntades y conciencias, va imperceptiblemente fortaleciendo los vínculos sociales, haciendo cada vez más uno al ser social, cada vez más ordenada la relación de los elementos con la masa, cada vez más armónica la vida de sociedades e individuos, cada vez más moral el mundo de los seres de conciencia.

Capítulo XI. En qué se fundan los deberes sociales

Si el deber rige el mundo moral, es porque rige a la conciencia humana. Rige a la conciencia, porque es su ley. Es su ley, porque es la expresión lógica de su naturaleza, propiedades, caracteres, dignidad y fines. Es expresión lógica de la naturaleza racional y consciente, porque es la única condición infalible de su desarrollo.

Solo, efectivamente, por la acción del deber sobre la íntima esencia de la naturaleza humana en cada ser, es como se consigue de ella la manifestación de toda su fuerza, de toda su dignidad, de toda su superioridad, de toda su alteza. Ningún hombre más fuerte que el hombre que cumple con su deber: ningún hombre más grande que el hombre que se vence a sí mismo por cumplir con su deber: ningún hombre sublime, sino el hombre que ha doblegado tan eficazmente sus inclinaciones desordenadas, que jamás falta a sus deberes. Testimonio viviente de la virtud de la ley a que obedece, con su propia vida muestra que, si a un cumplimiento excelso del deber corresponde un excelso desarrollo de conciencia, es porque el régimen de ella está fundado en la satisfacción de su naturaleza. Conciencia es conocimiento íntimo del ser por el ser mismo. Nada que no corresponda exactamente a ese íntimo conocimiento puede satisfacerla, y nada que no sea una condición necesaria del aumento de esa noción de sí misma puede ser para ella una necesidad satisfecha ni un medio para satisfacerla. La virtud, lo que consagran con ese hombre los idiomas, aquella exaltación de la personalidad o la impersonalidad que lleva hasta el heroísmo o el martirio, no es un bien sino en el caso de ser un deber, ni es un deber sino cuando es un bien. En otros términos: la conciencia no obedece a la virtud, ni la virtud es una condición de la conciencia, sino en los casos en que la virtud sea tal forma del deber, que sea deber.

Los insensatos sacrificios de los religionarios en todos los momentos de exaltación de su creencia no podrán jamás ser aprobados por la conciencia, porque jamás ha sido ni será virtud el faltar al deber de ser racional que tiene el hombre. Las heroicidades atroces que a veces ha llevado a cabo el desvarío jurídico en las grandes convulsiones políticas, no serán jamás actos meritorios para la conciencia, porque jamás ha sido para ella un mérito el faltar al deber de confraternidad que impone a todo hombre. Ninguna suma de motivos, por exacta la suma y por altos que sean los motivos, justificará jamás al estadista de buena fe, que sacrifica la libertad a la seguridad, porque jamás será justificable el faltar al deber de conservar y salvar la dignidad humana. Ningún pueblo logrará jamás persuadir ni convencer de que el abandono de sus derechos en un hombre o en un grupo fue un sacrificio virtuoso de los pacíficos en aras de la paz, de los justos en aras de lo justo, porque jamás será un deber el sacrificio del derecho colectivo. Ninguna historia, ninguna crítica, ninguna filosofía política podrá jamás justificar a Pisistrato, a Pericles, a Mario, Sila, Pompeyo, César, Augusto, Cromwell, Napoleón, porque jamás podrá justificarse la falta de cumplimiento del deber de hacer bien, que sobre nadie pesa con tan fuerte gravedad como sobre aquellos que logran resumir el poder de todos en el que ejercen discrecionalmente. Ningún grande hombre podrá justificarse de no haber sido bueno, porque no se puede ser grande ante la historia sin haber sido consciente, y el que tiene conciencia de sus méritos intelectuales y morales tiene el deber de cultivarlos por y en la práctica del bien.

Por el contrario, ningún deber, por oscura, por humildemente que se cumpla, deja de ser jamás norma de conciencia. La esposa que en el último rincón de un dormitorio paga al esposo valetudinario los esfuerzos sobre sí mismo que él hiciera por sostener su hogar a la altura de su deber, el esposo que, desentendiéndose de las torpezas de su tiempo y de la iniquidad inmortal que hasta en el cumplimiento del deber ha designado a los dos sexos, cumple con el deber que exige de ser fiel; el hijo que sacrifica sus triunfos en la vida a sus obligaciones en el hogar; la familia que desdeña apariencias incitantes por realizar fines constitutivos de su vida; el hombre que trabaja con cuerpo y alma por aumentar cada día sus bienes de fortuna y su honradez; el ciudadano que ejercita de continuo sus derechos; el patriota que siempre está pronto al llamamiento de la patria; el nacional que no sacrifica el bien de los otros pueblos al egoísmo de su nación; el vecino que ajusta su conducta a la pauta de la conveniencia y la ordenanza de su comunidad; el provinciano que no antepone el fomento de su región al de todas, pero se esfuerza de continuo por cooperar al desarrollo de fuerzas y bienes regionales; el hombre que en todo momento cumple con el deber de representar en acto, pensamiento y sentimiento a la especie de que es individuo, cuanto más en silencio, con más desinterés y con olvido más completo de sus méritos, cumple con sus deberes generales o excepcionales, tanto más ejemplar es, tanto más contribuye al desarrollo de conciencia colectiva, tanto mejor prueba viviente es de que el deber es la ley de la conciencia humana.

Que es así, y por qué es así, ya lo hemos visto. Pero cómo, qué es el deber, y cómo todos los deberes sociales se originan en las relaciones del hombre con la sociedad, no lo sabemos. Pero no es difícil saberlo. Ya hemos visto que hay una relación de deber, y que es la más elevada entre todas las que ligan al individuo con la sociedad, porque también es la más alta propiedad de la naturaleza humana el someterse como a supremo guía, y único poder capaz de gobernarla, a la noción de sí misma, de su dignidad, de su responsabilidad y su destino. Esa sumisión es el deber.

Claro es que si nuestra conciencia está nativamente sometida a la ley de sí misma, porque solo esa ley es condición del desarrollo suyo, la ley la compelerá en todo caso, en cualesquiera casos, y será su estímulo y motivo en cada uno de los casos en que ella haya de concurrir a la efectividad y eficacia de la ley de asociación en que se funda el desenvolvimiento mejor de la existencia humana, y por cuyo medio se resuelven mejor los conflictos entre los egoísmos personales y los propósitos sociales. Por consiguiente, si cada relación del individuo con la sociedad es un caso de conciencia, puesto que cada una de esas relaciones es una condición de vida y bien, cada una de ellas será el origen de uno o varios deberes concretos, y los deberes sociales se fundarán natural y necesariamente en el conjunto de relaciones establecidas por la naturaleza entre todos los asociados de una sociedad particular, y entre todos los humanos de los tiempos actuales, pasados y futuros. Siempre que sea verdad que, por ejemplo, la necesidad ligue a los hombres, verdad es que es caso de conciencia individual el anteponer o el posponer la satisfacción completa de necesidades colectivas a la incompleta de necesidades personales, y también será verdad que en esa contienda del egoísmo con el altruismo hay una lucha y un deber.

Si escogemos, para argüir, la relación de derecho, los deberes que de ella se derivan son tan obvios como obvio es el caso de conciencia que ofrece cada uno de ellos al individuo.

Y como en todas las relaciones del hombre con la sociedad se generan deberes sociales, podemos concluir que los deberes concretos que nos impone la sociabilidad se derivan inmediatamente de las relaciones que tenga el hombre con el hombre.

Capítulo XII. Deberes derivados de nuestras relaciones con la sociedad

La moral, en toda su extensión, es un exponente de relaciones naturales, cuyo conocimiento es infalible auxiliar de perfeccionamiento individual y colectivo, porque, haciendo más claros y patentes los deberes que de ellos se derivan, los hace más amables.

Por eso tiene tanta más importancia el análisis y clasificación de esas relaciones cuanto más complejas son ellas y más difíciles de cumplir, y aun percibir, los deberes que originan. En la última y más alta división de la moral hay, como hemos visto, relaciones y deberes tan íntimamente ligados al desenvolvimiento de la conciencia en individuos y en sociedades, que hay innumerable cantidad de aquéllos y desconsoladora mayoría de éstas, que todavía no se han elevado al grado de razón y de conciencia en que se manifiestan las relaciones más excelsas y los deberes más augustos. De ahí la necesidad de hacer un análisis minucioso de los deberes sociales, refiriéndolos con metódica puntualidad a las relaciones de donde doctrinalmente se derivan. Así establecida la filiación de los deberes, se harán cada día más orgánicas y más coherentes las relaciones establecidas por la naturaleza de la sociedad y por la del ser consciente entre una y otra; y así serán cada vez más amables y más cumplidos los deberes, porque, lejos de esclavizar la conciencia humana a facultades, potestades y destino que están fuera de su mundo, la hacen más libre cuando más a su opción y elección libre dejan el cumplimiento del deber.

Los que inmediatamente se derivan de nuestras relaciones con la sociedad, se agrupan con la mayor espontaneidad en dos grupos: el de los deberes genéricos y el de los deberes secundarios.

Los deberes genéricos se deducen inmediatamente de cada una de las relaciones sociales. La relación de necesidad induce al deber de trabajo; la relación de gratitud, al de obediencia; la de utilidad, al deber de sacrificio; la relación de derecho, funda el deber de educación.

Una clasificación tan precisa no sería completa: su misma precisión obstaría a la modificación de esos deberes genéricos por el grupo social en que han de funcionar, y lo que más urge a la moral social es definir con tal puntualidad los deberes referentes a la vida de relación en cada grupo, que la generalidad del deber y la vaguedad de sus límites no oscurezcan la relación ni debiliten el deber. De ahí que al grupo de los deberes genéricos se subordine el de los deberes secundarios, porque, efectivamente, los primeros generan los segundos. Cada deber genérico se modifica por la influencia del medio social en que actúa: el trabajo es un deber en toda la serie social, pero no actúa directamente como trabajo, ni con el fin propio del trabajo en toda ella: la gratitud es un deber para el hombre con respecto a la humanidad, como lo es para el hijo con respecto al padre, pero no funciona del mismo modo en esos dos términos extremos de la serie social.

Lo mismo sucede en todo otro caso de deber: el genérico se modifica por un deber concreto que es generado por aquél.

No sea, sin embargo, tan fatigosa la clasificación de los deberes que los haga ingratos, y óptese por una como la que seguimos, en que exponemos los deberes según las relaciones que los modifican.

Examinemos el primer grupo de deberes deducidos de la primera relación social.

Como la primera de nuestras relaciones con la sociedad es la necesidad; y como *necesidad* es obligación impuesta por la naturaleza, o medio coactivo de que ella se vale para compulsarnos a realizar nuestros fines individuales en el seno de la sociedad, bastará reflexionar un poco para encontrar que el trabajo es el primero de nuestros deberes sociales, porque es el modo único, a la vez que universal, de satisfacer todas y cualesquiera necesidades, ya físicas, ya morales, ya intelectuales.

Siendo el trabajo el medio necesario de satisfacer necesidades, y encontrándonos relacionados por la necesidad a todos y cada uno de los grupos sociales, el trabajo es un deber que se nos impone de un modo natural en nuestras relaciones con la familia, con el municipio, con la provincia, con la nación, con la sociedad internacional, con la humanidad.

Mas como el trabajo no es meramente la aplicación de nuestros músculos a una industria material, sino que es también la aplicación de cualquiera fuerza de nuestra mente, de nuestra voluntad y de nuestro ánimo a la producción de un objeto de vida, ya para nosotros mismos, ya para cualquiera de los grupos sociales, el trabajo toma distintos nombres y el deber del trabajo recibe tantas denominaciones cuantas modificaciones experimenta. Así, si llamamos deber de trabajo al modo único de cumplir las obligaciones que la relación de necesidad nos impone en la familia, tenemos que buscar y dar un nombre más adecuado a ese deber en cada una de las relaciones restantes.

Por eso llamamos deber de contribución al trabajo o esfuerzo que hacemos en pro de la sociedad municipal; deber de fomento, al trabajo que hacemos para contribuir al desarrollo de la sociedad provincial; deber de patriotismo, a la serie de esfuerzos que hacemos para conservar íntegra la cuarta relación; deber de subordinación, a los esfuerzos que intentamos en pro de la concordia en la familia de las naciones, trabajando por subordinar el bien de nuestra propia patria al bien de la civilización universal. El deber de trabajar por el progreso de la humanidad se llama con el mismo nombre que se da a la suma de esfuerzos por desarrollarla.

El segundo grupo de deberes deducidos de la segunda relación es tan natural como el primero.

Ya sabemos que la gratitud es la segunda de las relaciones que nos ligan a la sociedad, y debemos saber que *gratitud* es el reconocimiento del beneficio recibido. Si, pues, estamos ligados por gratitud a todos y cada uno de los grupos sociales en que funcionamos, es evidente que de esa relación se derivará un deber correspondiente a ella.

El deber correspondiente a la gratitud es la obediencia, y ese es el deber general que esta relación nos impone en nuestra vida de familia, de vecinos, de provincianos, de nacionales y de hombres. Pero también este deber tiene distintas denominaciones, porque es distinto su modo de actuar en cada grupo social. Con efecto, si como hijos o miembros de una familia obedecemos al superior, como miembros del municipio, de la provincia, de la nación, de la sociedad internacional y de la humanidad, nuestra obediencia a la ley y régimen de cada uno de esos grupos no es la misma ni tiene el mismo carácter que la obediencia a que estamos sujetos dentro del hogar. De aquí que, dejando el nombre de obediencia al deber que nace de esta segunda relación del individuo en la familia, tengamos el nombre de deber de sumisión para el segundo grupo social; el deber de adhesión, para el tercer social; el de acatamiento a la ley, para el cuarto grupo; el de acatamiento a la civilización, para el quinto grupo; el de acatamiento a la razón y la conciencia humana, en el grupo más extenso.

El tercer grupo de deberes derivados de la tercera relación, es tan natural como necesario. Todo lo que sirve para un uso es útil, y todo lo que tiene la propiedad de ser útil contribuye al mejoramiento de las condiciones de la vida. La utilidad, por lo tanto, es la propiedad que los objetos físicos, morales o mentales tienen de ser aplicados a mejorar las condiciones de la vida. En la capacidad de lo útil para producir tal resultado se funda la relación innegable y positiva que nos liga con todos y cada uno de los grupos sociales. En esto también se funda la realidad del deber que se deriva de esta fecunda relación.

Cuando pensamos atentamente en lo que es la utilidad, tal como acabamos de definirla, y vemos la variedad de fines de asociación y reconocemos que ninguna cosa material e inmaterial puede servirnos para el mejoramiento de nuestra vida, si no relacionamos lo que es útil para cada cual con lo que es útil para todos, veremos que los deberes que se derivan de la relación de utilidad son de los más elevados y austeros que se nos presentan, por más que, según concebimos generalmente esa noción, de lo que tenemos por egoísta utilidad, no se pueda derivar ningún noble deber.

A la verdad, si por útil no tenemos sino lo que sirve para nuestro uso y redunda exclusivamente en nuestro bien individual, de la utilidad no saldría más deber que el de sacrificarlo todo a nuestro bien individual. Pero siendo la utilidad una propiedad natural de los objetos físicos y morales para servir los fines todos, y no habiendo ningún fin individual que se pueda cumplir fuera de la sociedad, claro se ve que para que una cosa nos sea útil es necesario que nos lleve naturalmente al cumplimiento de nuestros fines sociales.

He aquí por qué, en esta relación de utilidad, se fundan deberes tan elevados como el de sacrificio, en el primer grupo social; el de cooperación, en el segundo grupo; el de unión, en el tercero; el de abnegación, en el cuarto; el de conciliación, en el quinto; el de coordinación, en el último.

Por distintos que sean los nombres, el deber, en el fondo, es uno mismo; y consiste en utilizar cuantos bienes hallamos a manos, siempre que concurran al bien de la familia, del municipio, de la provincia, de la nación y de la humanidad.

El cuarto grupo de deberes derivados de la, cuarta relación, es más evidente que cualquiera otro, pero también es más complejo que otro alguno. La relación de derecho, que solo a la de deber es superior, y ni aun a la relación de deber porque en realidad el derecho y el deber son inseparables complementos lógicos e ideológicos, se ha de entender con perfecta claridad, con más perfecta claridad que cualquiera otro, porque es más trascendental.

Para que entendamos bien el carácter de esta relación, sepamos bien lo que es derecho.

Podemos considerar el derecho desde tres puntos de vista:

1.º Como acto con el cual reconocemos o damos a cada cual lo que es suyo.

2.º Como expresión estricta de la justicia estricta.

3.º Como conjunto de condiciones necesarias y naturales que ligan al hombre individual con el hombre colectivo, o lo que es lo mismo, al individuo con la sociedad.

Desde el primer punto de vista, el derecho sirve para relacionar los hombres con los hombres, porque, manifestando, por medio de él, la fuerza de la justicia natural, facilita la unión y armonía de los hombres. Con efecto, no hay nada que facilite más la concordia y que disipe el furor de las discordias como aquella disposición benévola en favor de la justicia, que muestran intuitiva o reflexivamente aquellos hombres que cumplen y aman el deber de ejercitar en todo caso sus derechos y de atenerse en todo al principio de equidad y de justicia.

Desde el segundo punto de vista, el derecho tiene también virtud y eficacia para ligar a los hombres con los hombres, porque expresa, no ya el sentimiento de justicia individual de que hablamos poco ha, sino aquel sentimiento de justicia colectiva, y mejor se dirá, aquella noción y conciencia colectiva de la justicia que se manifiesta organizada en funcionarios públicos y en corporaciones instituidas por la ley. Como que al juez y a los tribunales toca el interpretar el sentimiento público y la conciencia colectiva de lo justo, no se puede dar ni hay una institución que más sirva para la alianza, armonía y corporación de todos los elementos y grupos sociales.

Desde el tercer punto de vista, el derecho se reconoce como una condición para un objeto o como un medio necesario para un fin humano, porque, en efecto, de ningún modo pueden hacerse en la vida social una porción de actos necesarios si el derecho no los legitima. De aquí su fuerza orgánica, o lo que es lo mismo, la fuerza natural para organizar que tiene el derecho; pues si efectivamente él es lo que da legitimidad a actos que sin él no la tendrían, es claro que la sociedad no sería el conjunto orgánico que es si el derecho no relacionara, en relación de sus medios y sus fines, los componentes todos de la sociedad.

Desde cualquiera de estos puntos de vista que consideremos la relación del derecho, veremos que viene a corroborar y confirmar la realidad y la eficacia de las relaciones anteriores. Y así es; la necesidad se confirma y corrobora por el derecho que la limita y por la fuerza que da a los que la satisfacen conforme a su derecho; la gratitud se confirma y corrobora con el derecho, porque eleva el sentimiento, que puede ser inconsciente e irreflexivo, a la categoría de virtud y reflexión; la utilidad se confirma y corrobora por el derecho, porque éste es quien más efectivamente quita al instinto utilitario su tendencia egoísta y da a la relación de utilidad toda la fuerza que necesita para ligar lo que el egoísmo desligaría.

Por lo demás, si el derecho es un conjunto de condiciones que ligan a los asociados en cualquier medio social, clara es la trascendencia de esta relación, puesto que, en definitiva, el derecho es lo que, por su propia virtud y por la del deber que lo estimula, mantiene los vínculos sociales.

En la relación de derecho, como en todas las demás, el nombre genérico del deber que corresponde en todos los grupos sociales es el nombre mismo de la relación. Así podemos decir: deberes de derecho. Pero como esta locución es un poco alambicada, la renunciamos, y diremos que el derecho del individuo, como miembro de la familia y en su relación con ella, es deber de educación.

El derecho del individuo, como miembro del municipio y en su relación con él, se llama deber de instrucción fundamental; el derecho del individuo, como miembro de la provincia, se llama deber de educación profesional; el derecho del individuo y su relación con la sociedad nacional, se rige y denomina por los deberes constitucionales; el deber de ejercitar el derecho en las relaciones internacionales, se rige por el respeto al derecho de gentes. El deber de ejercitar el derecho en todo caso humano, lucha por el derecho.

Capítulo XIII. El deber del trabajo. Sus modificaciones en los diversos grupos sociales

La idea del trabajo ha sido tan exclusivamente recluida en la de esfuerzo muscular o mecánico, y con tan exclusiva limitación al fin legal de la familia y al propósito social de la industria, que apenas, y como simple concesión al lenguaje figurado, se admite la realidad del trabajo intelectual y del trabajo moral, no obstante la energía fisiológica y la psicológica que se emplea en ambos, y a pesar de que ambos, como el trabajo material, tienen por contraprueba y testimonio un producto o resultado.

Presentarlo, por tanto, como un deber positivo, escrupulosamente deducido de relaciones evidentes, es, en apariencia, sacar de sus límites racionales al trabajo. Aún más lejos de ellos parecerá cuando lo presentamos como deber genérico, capaz de generar otros deberes, modificándose en forma y fondo, en nombre y en objeto, según los diferentes grupos sociales en que opera. Y, sin embargo, puntualmente exacto es, como ya hemos intentado demostrarlo, que el trabajo es un deber fundado en la necesidad, y que, como esta relación se extiende desde el individuo hasta la humanidad, el deber del trabajo funciona en toda la serie de relaciones y se modifica sucesivamente en cada una de ellas, sin dejar nunca de ser el mismo esfuerzo con la misma capacidad de dar un resultado. Mas para que la moral social sea completamente positiva y en los deberes que preceptúe, nos muestre la correlación de todos ellos y su íntima relación con la naturaleza del individuo y de la sociedad, vamos a insistir en exponer minuciosamente las ideas que hayan podido parecer confusas.

Ante todo se ha de recordar que de cada relación que se descubre entre el individuo y la sociedad, se deduce un deber o un grupo de deberes, y que la razón de que este deber o grupo de deberes se deduzca, está en que la relación no es más que el medio o recurso o lazo natural para llegar al doble fin individual y social; y que, al mostrársenos ese medio de llegar a un fin, se nos muestra la obligación moral de emplear ese tal medio para llegar a ese tal fin. Valga un ejemplo: la primera relación que descubrimos entre individuos y sociedad, es la de necesidad; relación tan positiva, que es indiscutible. No hay, pues, que discutir el principio que podemos tomar como punto de partida, a saber: que la necesidad, ya sea del orden fisiológico o del moral o del intelectual, liga indisolublemente al hombre con la sociedad. Por lo tanto, todo lo que sea una necesidad real, ha de ser un medio para satisfacer el fin que el individuo tiene que realizar de vivir dentro de la sociedad con una vida más completa de la que tendría fuera de ella.

Ahora bien, si el medio común de satisfacer necesidades es el trabajo, es obvio que el trabajo es un verdadero deber genérico que abarca, en esa primera relación, toda la actividad del individuo en cada uno de los grupos sociales en que funciona.

Mas como ni el objeto de trabajo es idéntico en todos los grupos, ni el resultado del trabajo es el mismo, hay que dar a este deber el nombre, ya sea de su resultado, que toma naturalmente por su mismo modo de actuar.

Con efecto, cuando tratamos de satisfacer las necesidades de la familia en el seno de la familia, el esfuerzo muscular que hacemos para cumplir nuestro propósito, es efectivamente un trabajo directo en vista de un objeto directo y de un resultado directo. Mas cuando, para cumplir con los deberes que nos ligan al municipio, hacemos cuantos esfuerzos voluntarios y legales están a nuestro alcance, lo que hacemos en realidad es *contribuir* a la obra y beneficio general del municipio; ya directamente, cuando tomamos una porción de nuestro peculio para pagar cuotas o impuestos municipales; ya indirectamente, cuando, produciendo mucho, consumiendo mucho, circulando mucho nuestro capital, pensando mucho en el bien del municipio, dando ejemplo en el ejercicio de nuestro derecho y en el cumplimiento de nuestro deber municipal, coadyuvamos activamente al cumplimiento de los fines de la vida municipal en sí mismos, y a los de la vida individual dentro del municipio.

Por razones idénticas, llamamos deber de fomento el que tenemos de trabajar en favor del desarrollo provincial, pues es claro que si el trabajo individual de todos los co-provincianos es tan ordenado que dé por fruto el mayor desarrollo de la provincia, como el resultado del trabajo indirecto ha sido el fomento, y como fomentando nuestra provincia es como cumplimos con el deber de atenernos a la relación de necesidad que con ella nos liga, claro es también que el nombre de ese deber es el mismo de ese resultado. Por eso lo llamamos deber de fomento. Es lo mismo que si dijéramos que la necesidad que nos relaciona a la provincia nos obliga a favorecer o fomentar del modo más activo su desarrollo, porque ese es el único o mejor medio de satisfacer dentro de ella nuestras propias necesidades.

Al llegar al tercer grupo social, el deber genérico del trabajo se nos ha convertido en deber de patrimonio. A primera vista, esta modificación del deber del trabajo es incongruente e incomprensible; pero a segunda vista, nada es más congruente y comprensible. Porque si el patriotismo es puro sentimiento, sentir mucho por la patria es trabajar mucho con el corazón por ella; esto es tan real, que los verdaderos patriotas sufren enfermedades físicas o morales que se derivan inmediatamente del constante anhelo en que el amor a su patria, y la inquietud por ella, mantiene los nervios, los pulmones y la sensibilidad moral de esas víctimas de sus propios esfuerzos.

Si el patriotismo es pura acción de una voluntad que se consagra al bien de una patria, continuo esfuerzo de la voluntad, es decir, trabajo continuo de ella, es esa uniforme actividad. Si el patriotismo es pura idealidad empeñada en producir un tipo superior de patria, trabajo de la mente es ese.

Si el patriotismo es un esfuerzo combinado de esas actividades en dirección al bien de la patria, tanto más trabajo es cuanto mayor el esfuerzo combinado.

Pero aún es más clara y más perfecta la correlación entre trabajo y patriotismo, cuando concebimos el patriotismo como es en realidad. Antes que todo, y por encima de todo, el patriotismo es un deber.

Y es un deber porque es el único o mejor medio de llegar el individuo, en la relación de necesidad, a la satisfacción de todas las que tiene el hombre en la sociedad nacional. Con efecto, el deber de patriotismo no es, en definitiva, más que el deber de trabajar asidua y concienzudamente, en cuerpo y alma, con músculos y nervios, con razón y sentimiento, y con toda la fuerza de la conciencia por el más alto desarrollo posible de la patria nacional.

Y ese deber está exclusivamente fundado en la necesidad de mejorar la patria, porque su mejoramiento es el mejoramiento de las condiciones generales de la vida social. De modo que este deber positivo de amar a la patria, trabajando por ella y por nosotros, para ella y para nosotros, no tiene nada de fantástico, ni de lírico, ni de épico, ni de falaz, ni de ilusorio, ni sirve para halagar pasiones populares, ni para explotar en beneficio propio las alegrías o las tristezas, o los dolores o los placeres, o los triunfos o las derrotas de la patria.

Uno de los esfuerzos más grandes, o más bien, la serie de esfuerzos más poderosos que se ve precisado a hacer el ánimo, son los que reclaman la necesidad de conciliar nuestros deberes como patriotas con nuestros deberes como hombres. De aquí nace la común incapacidad que se tiene de ser a la vez un buen hijo de la patria y un buen hijo de la humanidad.

Pero si se piensa que el conjunto de naciones en cuyo seno vive la nuestra, es una verdadera familia de pueblos en la que, como en la familia de individuos, cada miembro depende de la mayor prosperidad de todos; si se piensa en esto, se comprenderá que no es incompatible el patriotismo con aquella subordinación lógica y conveniente de los afectos y deberes que nos ligan con la patria, a los efectos y deberes que nos ligan con la humanidad; debemos, por tanto, subordinar los unos a los otros, considerar como un verdadero deber el de subordinación y cultivar cada vez con más esmero nuestro deber de patriotismo, no ya solo por la patria, sino porque cuanto más firme sea nuestro patriotismo, tanto más concienzuda será nuestra subordinación al más vasto interés de la humanidad.

Capítulo XIV. Deber de obediencia y sus modificaciones

Ya sabemos que el deber genérico del individuo para con cada uno de los grupos sociales en la segunda relación o relación de gratitud, es la obediencia; pero sabemos también que este deber toma diferentes nombres, y ahora vamos a saber por qué.

A no dudarlo, acto de obediencia es el que rinde el individuo al municipio, a la provincia, a la nación, a la familia de naciones y a la humanidad, cuando cede a las disposiciones de la ley, ya sea una ordenanza municipal, ya un precepto del gobierno provincial, ya una ley nacional, ya una suprema ley de la civilización. Tanto da obedecer en cada uno de estos casos a la ley de cada uno de esos grupos, como obedecer en el hogar a la ley de la familia. Mas como es precisamente el sentimiento de sumisión del hijo a los padres lo que hace que la voluntad del individuo ceda a la ley de los demás grupos sociales, es conveniente buscar y encontrar un nombre más apropiado para cada uno de los deberes que, derivados de esta segunda relación, tiene el individuo con cada uno de los grupos.

Por eso, como el obedecer a una ordenanza municipal es someterse voluntaria y concienzudamente a una imposición legítima del gobierno del municipio, con el fin de establecer, mejorar y completar el orden vecinal, llamamos deber de sumisión al de gratitud que tenemos para con la sociedad municipal, dentro de la cual obtenemos beneficios que sin ella no tendríamos, y a la cual nos es obligatorio recompensar con nuestro reconocimiento, sometiéndonos de buen grado a sus mandatos.

También es acto de obediencia el cumplir los preceptos que la sociedad provincial nos dé por medio de su legítimo gobierno; mas para caracterizar mejor el deber que tenemos de adherirnos a nuestro gobierno provincial, denominamos deber de adhesión al conjunto de actos de obediencia que hacemos para cumplir con la sociedad provincial, con su gobierno y con nuestros comprovincianos.

Actos de obediencia son también los que hacemos de continuo en la vida nacional cada vez que sus poderes legítimos nos imponen legislativa, objetiva y judicialmente alguna ley, algún decreto, alguna sentencia. Como todos esos actos de obediencia son actos de acatamiento a la ley, que es la expresión de la voluntad nacional, es perfectamente natural que el deber de obediencia tome en este grupo el nombre de acatamiento a la ley.

Como, además de las mencionadas, hay leyes naturales o no escritas, y entre éstas, la que se impone con más fuerza es la que podemos llamar ley de civilización, acatar esta ley no escrita es un estricto deber de moral social, porque el acatamiento a esa ley es el modo mejor de concurrir a la concordia y armonía de los pueblos entre sí.

Ahora bien, acatar esta ley de civilización no es más, en resumidas cuentas, que obedecer al precepto de la naturaleza que ha dado por destino a cada hombre el cumplimiento de sus fines individuales y que ha hecho estribar ese destino individual en el mismo destino impuesto a la sociedad general y a la especie humana.

Capítulo XV. Por qué no se da nombre a los deberes derivados de la relación de utilidad

En la relación de utilidad, prescindimos del nombre del deber genérico que de ella hemos derivado, para denominar con nombres particulares todos y cada uno de los deberes especiales que corresponden a cada grupo social.

La razón que tenemos para proceder así, y no dar el nombre de deber de utilidad, al que según esta relación compela al individuo en el grupo de la familia, es más una concesión que una razón.

Como que, a primera vista, el elevar la utilidad a la categoría de deber es una cosa tan fuera del uso, por más racional y positiva que sea, tenemos que apresurarnos a demostrar que los deberes relacionados con la noción de utilidad, no solo son reales y positivos, sino también austeros y eminentemente morales. Por eso, aunque pudiéramos llamar deber de utilidad al que cumplimos en el seno de nuestra familia viviendo para serle útil, y utilizando a la vez los beneficios que nos vienen de ella, hemos preferido, analizando del modo más profundo los caracteres de este deber de utilidad, darle el nombre que resulta efectivamente del análisis. Ese nombre es sacrificio, y por eso llamamos deber *de sacrificio* al que, en esta relación de utilidad, se nos presenta en el primer grupo social.

Para que tengamos una firme convicción de la realidad y efectividad de este deber de sacrificio, vamos a hacer expresamente el análisis de la noción de utilidad, en cuanto aplicada a conservar y consolidar los vínculos de la familia.

Ya hemos dicho que la relación de utilidad, por nacer de las condiciones reales de la naturaleza humana, es tan positiva como la que más positiva nos parece. Por lo tanto, el instinto, el sentimiento y la noción de utilidad han de guiarnos por fuerza, queramos o no queramos, en nuestras relaciones con la familia, como nos guían en nuestras relaciones con los demás grupos sociales. Si, pues, es evidente que existe esa relación, necesario será también que ella por sí misma sea un deber genérico, y que de ella se deriven deberes especiales.

Dada esta doble evidencia, solo queda por fijar y esclarecer esa misma noción de utilidad con el objeto de saber si el concepto vulgar que de ella se tiene, corresponde de algún modo a los deberes que de ella derivamos, y si basta corregir lo que haya de incorrecto en la noción vulgar o si es necesario sustituir por completo a la noción errónea la idea verdadera de utilidad.

Útil, para el vulgo, es todo aquello de que el egoísmo deriva algún provecho; utilidad, en consecuencia, es la propiedad que las cosas tienen de ser aprovechables por los hombres. Fácil es comprender que el uso de lo provechoso para el egoísmo individual hará de esa propiedad de hacer útil las cosas, no por cierto una fuente de deberes, sino un manantial inagotable de instintos egoístas. Pero eso no resulta de que la noción de utilidad sea inexacta, ni de que lo útil sea malo por sí mismo; eso resulta de que la noción vulgar de utilidad es incompleta y de que la idea de lo útil es exclusiva.

La noción vulgar de utilidad es incompleta, porque no nos presenta más que una faz o aspecto de la idea; pues si utilidad es la propiedad de lo que podemos aprovechar para nuestro egoísmo, es también la propiedad de lo que no debe aprovechar sino cuando beneficia por igual al individuo y a la sociedad de que forma parte, o al grupo social en que funciona. Dicho de otra manera: la noción vulgar de utilidad es incompleta, porque nos presenta lo útil como si nosotros fuéramos los únicos que debiéramos aprovecharlo, cuando la realidad es que no hay egoísmo tan exclusivo que pueda por si solo aprovechar para sí solo aquello que anhela por ser útil.

La idea de lo útil es exclusiva, en el concepto vulgar, porque excluye todo motivo social que se oponga al personal, todo instinto genérico que se oponga al instinto grosero, todo altruismo que se oponga a nuestro egoísmo, todo derecho que se oponga a nuestro provecho.

Esa idea vulgar de lo útil no es tan inexacta, cuanto exclusiva. Si ha de ser completamente exacta, ha de incluir lo que no incluye el vulgo. Para el vulgo, lo útil es lo que conviene a cada cual, y ese es un error. La verdad es la que nos suministran las ciencias económicas, cuando nos hacen ver la correlación que hay entre lo provechoso para el individuo y lo provechoso para la sociedad. Según las ciencias económicas, las cosas más útiles son aquellas que empiezan por aprovechar a la sociedad para, por medio de ella, aprovechar al individuo. De tal modo es así que, en resumen, no hay verdadera utilidad sino en la combinación inteligente de los intereses públicos con los privados, de los intereses generales con los particulares.

Pues bien, si la nación de utilidad, que solo es completa cuando combina el concepto del vulgo con el de la lógica, y el del egoísmo con el de las ciencias económicas; si la noción de utilidad nos da, por una parte, la idea de un provecho personal, y por otra parte, la de un provecho social del que es inseparable el otro, es evidente que todo lo que sea útil para el individuo habrá por fuerza de ser antes útil a la sociedad general y a cada uno de los grupos sociales en particular.

Sea un ejemplo, para esclarecer por completo lo dicho y lo por decir. De las dos obras notables por su trascendencia que se hacen actualmente en nuestra América, la una es de utilidad exclusivamente privada, y es mala, perniciosa, abominable, y menos productiva de lo que pudiera, si el que la utiliza tuviera una noción un poco menos torpe de lo útil. La otra obra, por el contrario, es buena, benéfica, laudable, porque es de utilidad principalmente social y universal.

En la una empresa, el empresario es un explotador que ni siquiera saca de su empresa infame todo el partido que pudiera. En la otra obra, junto con los beneficios universales que la humanidad obtendrá de ella los empresarios y millares y centenares de millares de individuos, obtienen un beneficio cien y mil veces mayor del que hubieran obtenido si la utilidad de la empresa hubiera sido menos extensa y menos social.

La obra mala es la que realiza en Venezuela el usurpador de los derechos de esa sociedad, el consumador de la inmoralidad pública en su patria, el aprovechador del despotismo en beneficio propio. Allí, un déspota y unos cuantos cómplices del déspota obtienen una utilidad negativa, en tanto que la sociedad sufre los perjuicios económicos, morales o intelectuales, políticos y sociales, que resultan de la brutal explotación de todos por un hombre.

La obra buena es el Canal de Panamá. Es una empresa económica, que no tiene pretensiones de otra cosa, y que no se ha intentado con otro objeto inmediato que el de favorecer la utilidad del comercio universal. Y, sin embargo, el simple hecho de beneficiar al mundo entero ha hecho de ella, para hoy y principalmente para lo futuro, la más útil de cuantas empresas hubiera podido intentar y conseguir el egoísmo. Y como útil no es solo aquello que redunda en provecho de uno o muchos, sino todo lo que sirve para fines humanos, ya sean materiales o morales, ya sociales o educacionales, la empresa del Canal está produciendo, cada vez producirá más beneficios, y más inapreciables, al presente y al porvenir de la civilización humana. En cierto modo, se puede asegurar que esa empresa es *necesaria* para la civilización universal, porque la ha provisto del medio más pronto y más seguro para comunicar los pueblos de Occidente con los pueblos de Oriente, los intereses, las ideas, las instituciones, los progresos materiales y morales de los occidentales con la vieja sabiduría de los orientales.

El ejemplo que acabamos de presentar patentiza lo que es la verdadera utilidad, y cómo, de la reciprocidad del provecho particular sobre el general, y viceversa, es de donde se obtiene la mayor utilidad posible. Pero como todavía no hemos visto cómo esa misma utilidad así entendida se convierte para el individuo en uno de los deberes sociales más austeros, vamos a presentarla funcionando en la familia y determinando el deber de sacrificio.

Sacrificio es la consagración de una idea o un sentimiento con un acto de suprema utilidad para otro, aunque sea un esfuerzo supremo para quien lo hace. Sacrificarse es hacer sagrado (*sacri-facere*) un acto concienzudo que tiene por móvil un interés ilimitadamente superior a nuestro egoísmo.

Entre todos los grupos sociales, el que más continuamente impone al individuo mayor cantidad de sacrificio, hasta el punto de que puede asegurarse que la verdadera vida de familia es vida de comunes y continuos sacrificios, es el primer grupo social.

Ya hemos visto que la familia, lejos de excluir, incluye de una manera perentoria el instinto, el sentimiento, la idea y aun la necesidad de la utilidad. Hasta tal punto que, a no ser por ella, probablemente no podría subsistir la noble institución del matrimonio monogámico. Si éste es posible como institución conservadora y ordenadora del primer grupo social, se debe en mucha parte a la recíproca utilidad que de ella reportan de continuo todos y cada uno de los miembros de ese grupo social. Pues bien, precisamente por ser la utilidad uno de los medios de conservación y subsistencia de la familia, es por lo que el sacrificio se convierte allí en deber. He aquí cómo:

Para ningún miembro de la familia que tenga de ella y de la noción de utilidad un concepto exacto y positivo, puede haber provecho en nada que aproveche aisladamente a su egoísmo solo y que no redunde en bien de los otros.

Ahora, como que éste realiza su propósito, que es principalmente el de dar entidades virtuosas, y tan cultas como sea posible, a la sociedad general y a todos los grupos superiores a la familia, cada uno de los miembros de ésta, principalmente los miembros directivos, encamina toda sus actividad a realizar el fin del grupo. Para esto hay frecuente necesidad de sacrificar objetos de vida de algún miembro del grupo. Esto se hace exclusivamente por convencimiento de la mayor utilidad que a la sociedad familiar reporta el sacrificio; pero se hace tan comúnmente, que hasta en las familias más vulgares se presentan todos los días ejemplos de admirables sacrificios. Una vez es una esposa, que sacrifica el peculio paterno a necesidades que de otra manera no pueden satisfacerse en el hogar; otras veces es una madre que sacrifica tiempo, solaz, salud, reposo y vida a un hijo excluido del mundo por una dolencia mortal o por un crimen tenebroso; otras veces es una hija, que sacrifica juventud, esperanzas, ilusiones, al padre o a la madre desamparados o solitarios; otras veces es una hermana que, en la edad de los ensueños juveniles, se consagra a sustituir a los directores difuntos de su hogar, dirigiendo ella a los menores; otras veces es un hijo que sacrifica creencias, educación, ambiciones, porvenir, al bien de la familia.

En casi ninguno de estos casos aparece la utilidad como el móvil de esos sacrificios, y, sin embargo, ningún otro caso produce más el convencimiento de la suprema utilidad que hay para la familia en sacrificios de esa especie, ninguna otra idea mueve a los que así se sacrifican.

Por otra parte, en la vida de familia, vida de intimidades y de incesante correlación de los individuos que la componen, todos los días y todas las horas y todos los momentos, son momentos y horas y días de sacrificio, de propósitos o deseos, o afectos o caprichos en bien del reposo de todos o algunos de los componentes de la familia. Y ese reposo del hogar, ¿qué es sino la expresión de lo eminentemente útil en el seno de la familia? De tal manera concluyen por confundirse la idea de sacrificio y la de utilidad en la familia, que bien puede decirse que lo más útil en ella es el estar siempre pronto al sacrificio. Esa disposición, convertida por razonamiento en reflexiva, es lo que constituye el deber de sacrificio.

Así visto, se presenta tal cual es: vale decir, como un medio infalible de llegar al fin social de la familia.

Y en ese sentido, no solo es un deber moral, encargado de producir las mejores costumbres posibles en la vida de familia, sino que es un deber positivo en todas y cada una de las acepciones del deber.

Capítulo XVI. Continuación del anterior

Cooperación. Unión. Abnegación. Conciliación.

Expliquemos ahora cómo es que el deber de ser útil a la sociedad municipal, y el de utilizar los beneficios de la vida vecinal en su propio bien, se convierte en deber de cooperación.

Cooperación, en la ciencia económica, quiere decir el esfuerzo industrial, hecho por muchos y de común acuerdo, para repartirse en proporción los beneficios que de sus industrias hayan obtenido. Como la sociedad municipal, lo mismo que cualquiera otra, no es más, desde el punto de vista fisiológico, que una asociación industrial, cuyo régimen son las necesidades físicas, y cuyo fin es la utilidad o usufructo de los productos según la capacidad de consumir, es notorio que y cada uno de los asociados municipales coopera espontáneamente, y debe cooperar por reflexión, a la mayor prosperidad de los asociados comunales, no solo porque así obtiene mayor *utilidad*, en el sentido vulgar de esta palabra, sino porque, en el sentido que de su análisis hemos obtenido, la utilidad privada será tanto mayor cuanto mayor sea la utilidad pública.

Deber de *unión* es el nombre y la modificación que sufre en el segundo grupo. Por muy distintas que parezcan la noción de utilidad y la de unión, a los ojos de la moral social se presentan como correlativas, y es muy fácil de explicar cómo el deber de ser útil a la provincia y de utilizarla en su pro, se convierte en deber de unirse y ligarse reflexivamente los comprovincianos entre sí.

Ser útil a la provincia es darle, en su persona, un instrumento eficaz de fomento, progreso, moralidad, cultura y civilización. Utilizar para sí el beneficio de la asociación provincial es lo mismo que buscar y encontrar en ella los medios de que lo que es útil para la sociedad provincial lo sea también para nosotros.

Ahora bien, la unión íntima, cordial y reflexiva de todos los instrumentos de moralidad y cultura darán necesariamente un resultado, una fuerza, una cohesión y un desarrollo tan normales a la provincia que harán de esta sociedad un poderoso integrante de la sociedad nacional. Por otra parte, como de la unión de todos los elementos económicos y progresivos resultará la mayor prosperidad provincial, y de ésta la mayor utilidad, y de ésta el mayor bien para los asociados provinciales, se deduce que si la unión de los provincianos entre sí es conveniente para la provincia, también lo es para los provincianos; y por lo tanto, la unión es un deber; y por lo tanto, ese deber está fundado en la noción de utilidad.

Abnegación es el nombre del deber de utilidad modificado en el grupo nacional. En general, los que no viven más que para su propia utilidad están de tal modo reñidos con la abnegación, que ésta expresa el sumo abandono de la utilidad; para la moral positiva, es lo contrario: *abnegación* y *unidad* son términos convertibles, de modo tal, que la verdadera utilidad se resuelve en abnegación y la verdadera abnegación se resuelve en utilidad. Esto, diciéndolo en otros términos, es decir, que todo acto de abnegación es siempre útil, ya para sí, ya para alguien, y que el uso legítimo de las cosas provechosas en la vida general de la nación impone abnegaciones de lo útil para lo menos, y del servicio y beneficio de lo útil para los más.

Para mejor explicación, reflexionemos que la mayor utilidad que podemos sacar de la vida nacional es la de que la nación nos provea de la mayor suma de medios para la satisfacción de todas nuestras necesidades, así físicas como morales. Como esa capacidad de una sociedad nacional le da entre las otras una importancia y un ascendiente poderosos, y como de esta importancia y ascendiente se derivan otra porción de beneficios para los asociados nacionales, es indudable que todos ellos deben estar dispuestos a hacer todo lo posible por obtener ese resultado. Pues bien, entre lo posible y necesario para que una nación llegue a satisfacer todas las necesidades de sus nacionales, se presentan a cada paso una porción de abnegaciones para hacer el beneficio del progreso interior y del progreso exterior de la nación. Siendo útil para todos y para cada uno el resultado fiel de estas abnegaciones diarias e íntimas, claro es que si esas abnegaciones son útiles para la sociedad nacional, la abnegación es un deber, y ese deber está fundado en la relación de utilidad.

Deber de *conciliación* denominamos el que tenemos de conciliar lo útil para nosotros con lo útil para los otros pueblos. Conciliación de los intereses de nuestra patria con los de todas las patrias relacionadas con ella por el destino común de la humanidad, es un deber que no se cumple, pero que es tanto más necesario cumplir cuanto que está fundado en nuestro egoísmo nacional, o lo que es lo mismo, en la relación de utilidad que liga todas las naciones entre sí y a todos los individuos de cada nación con los destinos de la patria humana.

El deber que tenemos de ser útiles a los hombres, por ser hombres, y sin distinción de suelo o patria o raza, es en el fondo una simple expresión de nuestro instinto de conservación o de una esperanza de reciprocidad: sin duda que, cuando servimos a otro hombre que ha menester nuestro servicio, no nos guía siempre la idea de la utilidad que nos reportará el servicio; a veces, ni aun la vemos. Sin embargo, nada es más útil para un hombre que el ser útil a otro hombre, pues además del beneficio que algún día le traerá el haber servido, se hace a sí mismo el propio bien, el verdadero bien, de darse la dulce satisfacción de ser benéfico. Ahora, como la unión de todos los servicios que los hombres se hacen entre sí, con exclusión de toda idea de origen o nación, sirve más que nada para que las naciones concilien entre sí sus intereses, es evidente que el esforzarse por hacernos propicios a los demás hombres de la tierra es cumplir con el deber de conciliarnos los hombres con los hombres y las naciones con las naciones.

Capítulo XVII. Deberes deducidos de la relación de derecho

Si atendemos a que el derecho emana directamente de nuestra naturaleza racional y consciente, o en otros términos, de nuestra racionalidad consciente, o en términos más breves, es la propiedad que nos da el tener conciencia, veremos que todos nuestros derechos se derivan inmediatamente de nuestro propio ser, y mediatamente, del conjunto de relaciones que ligan a cada ser con la sociedad. Por tanto, la explicación de esta relación de derecho está primordialmente en la naturaleza humana, y en ella hay que buscar el por qué los derechos que nos da nuestra naturaleza sirven de lazo, liga, relación y medio de unión entre los seres de racionalidad consciente.

La explicación es clara: por el mero hecho de estar todos dotados de ciertas facultades necesarias al cumplimiento de nuestro destino o realización de nuestros fines individuales, cada uno de nosotros está obligado a respetar en los demás aquello que en nosotros mismos es indispensable para nuestra propia vida. Esto, por pequeños que sean los ojos con que se miren las realidades y las verdades de conciencia, es lo mismo que descubrir y reconocer esta verdad: el derecho de otro es deber nuestro y el derecho nuestro es deber de otro. Por otra parte, además de tener la íntima razón de que así es, en nuestra misma conciencia se manifiesta de una manera todavía más clara esta interior relación entre el derecho y el deber.

Con efecto: si somos seres de conciencia, tenemos conocimiento íntimo de que nuestra vida tiene tantos fines u objetos definidos cuantas son las actividades de ella; y tenemos también conocimiento íntimo de que para cumplir ese destino o realizar esos fines o utilizar esas actividades, se nos ha de haber dado algún medio o conjunto de medios naturales; o de otra manera, la naturaleza habría fallado en el plan que se propuso. Pero como la naturaleza no impone nunca fines sin dar a la par los medios de realizarlos, los seres conscientes tienen en sí mismos los medios de cumplir sus fines. Así, por ejemplo, si tenemos como fin de nuestra afectividad lo bello bueno, lo cual es tener el deber de realizar en nosotros ese fin, tenemos a la par medios de realizarlo en nuestra capacidad de poder, de sentir, querer, conocer o juzgar lo bello bueno; si tenemos el fin de realizar el bien, tenemos a la par medios afectivos, volitivos y concienzudos de realizarlos; si el fin de nuestra razón es la verdad, todos son, en la razón, medios para llegar a ese fin; si el fin de nuestra conciencia es conocernos íntimamente y realizar en nosotros la justicia, todos, en nuestra naturaleza, son medios para cumplir ese deber.

Ahora bien: si reflexionamos un poco más, veremos que todos esos medios son, cada uno de por sí y todos juntos, medios educacionales o modos de educarnos o conducirnos a nosotros mismos hacia cada uno de nuestros fines, conduciéndonos según la naturaleza de cada uno de nuestros medios o facultades.

Por lo tanto, si los fines de nuestra naturaleza son deberes que se nos imponen por ella misma, los medios de que nos ha provisto para realizarlos son derechos de que nadie puede despojarnos sin violencia o tiranía.

Ahora, como que somos seres sociales, y el derecho sirve para relacionarnos los unos con los otros y aumentar la eficacia de la asociación, es innegable que podemos reclamar de la asociación que nos deje emplear libremente los medios que la naturaleza nos dio para realizar nuestros fines. Y como esos medios son todos, según hemos visto, medios de educación, la relación de derecho se nos manifiesta en un conjunto de deberes educacionales. En otros términos, la relación de derecho nos guía, en todos y cada uno de los grupos sociales en que funcionemos, a educarnos de modo que cumplamos del mejor modo posible nuestro destino individual. Y cuando cumplamos o queramos cumplir con todos y cada uno de estos deberes, y la asociación general nos sea un obstáculo, tenemos el derecho de reclamar que no lo sea; o de otro modo, tenemos el derecho de exigirle que cumpla con el deber correlativo de proveernos de aquellos medios sociales que requiera el cumplimiento de nuestro destino.

De aquí que, si tenemos el derecho de realizar lo bello, lo bueno, lo verdadero y lo justo, así en nosotros mismos, como en la familia, como en el municipio, como en la provincia, como en la nación, como en servicio y beneficio de la humanidad entera, tenemos también del deber de educarnos para conseguir esos fines en cada uno de los grupos. Recíprocamente, si tenemos el deber de cumplir nuestros fines individuales en cada uno de esos grupos sociales, porque cada uno de los grupos sociales tiene el derecho de reclamar de nosotros que cumplamos esos fines, tenemos el derecho de reclamar de todos y de cada uno de esos grupos sociales que nos ayude a educarnos, o lo que es lo mismo, a cumplir nuestro destino.

Así es como, al cumplimiento de todos nuestros deberes en el seno del hogar, corresponde el deber que la familia tiene de guiarnos o educarnos de modo que conozcamos los fines y medios de nuestra naturaleza y cumplamos con nuestro destino.

Así es como, por lo mismo que tenemos el deber de ser ejemplares en nuestra vida municipal, tenemos el derecho de exigir de la sociedad municipal nos ayude a educar nuestra razón, nuestra sensibilidad, nuestra voluntad y nuestra conciencia.

Y así es como, cuanto mejor conozcamos nuestros deberes para con la sociedad provincial, con más fuerza debemos reclamar nuestro derecho de exigirle que nos dé los medios educacionales que nos faltan para ser lo mejor que podamos dentro de la provincia.

Así es como, cuanto más fuerza tenga en nosotros el deber de contribuir al bien de nuestra patria, con tanta mayor energía debemos ejercer el derecho de reclamarle que prodigue en nosotros los medios de cultura moral e intelectual.

Así es como, cuanto más acatemos el deber de ser humanos y de hacer por todos los hombres lo que queramos para nosotros, tanto más reclamaremos de la humanidad o sociedad universal el cumplimiento del deber que, para con nosotros, tiene de darnos ejemplo continuo de civilización.

Ordenando ahora estos deberes, resulta que de la relación de derecho se deducen:

1.º Deber de educación en la familia y por la familia. Este deber se cumple en el Kindergarten y por el Kindergarten, o lo que es lo mismo, en la escuela doméstica y por ella.

2.º Deber de educación en el municipio y por el municipio. Este deber se cumple en la escuela fundamental y por la escuela fundamental; o lo que es lo mismo, la escuela encargada de suministrar a niños y niñas, adultos y adultas, las nociones fundamentales de las ciencias físicas y naturales.

3.º Deber de educación en la provincia y por la provincia. Este deber se cumple en las escuelas normales, en las de artes y oficios, en los institutos profesionales, en las escuelas técnicas y politécnicas; o lo que es lo mismo, en todas y cualesquiera instituciones docentes que tengan por objeto proveernos de una profesión u oficio.

4.º Deber de educación en y por la nación. Este deber se cumple en la universidad y por ella, o lo que es lo mismo, en aquella institución principalmente dirigida a cultivar y favorecer los mayores desarrollos de razón, sin otro fin que el desarrollo mismo.

5.º Deber de educación en y por la sociedad internacional. Este deber se cumple en y por el espectáculo de la civilización universal.

Capítulo XVIII. El derecho armado. Deberes que impone

Tan capitales son la importancia de la relación de derecho y la trascendencia de los deberes que de ella se deducen espontáneamente, que no debe quedar contenta de sí misma la moral sino cuando, agotando por completo el contenido de esa relación, muestra con toda su fuerza los dos modos organizadores de los derechos en sí mismos y de los deberes de ejercitarlos como práctica y vida del derecho.

Mientras de la naturaleza misma de los derechos del hombre en sociedad se derivan los deberes sociales de la familia, del municipio, de la provincia, de la sociedad nacional y de la misma sociedad universal, solo se ve actuar los grupos sociales; el individuo queda sumergido en ellos, y desaparece o se oscurece la eficacia de su intervención en esa obra. Ese eclipse de la individualidad en empresas de tanto momento como el cumplimiento del deber de conquistar el derecho, debilita a la moral.

Para robustecerla hay que armar el derecho, ponerlo en lucha, como siempre está, presentarlo en su perpetua evolución, infundirlo por medio del deber en las raíces de la razón y la conciencia individual y presentar el individuo viviendo, animando, conquistando a sudor y sangre de sí mismo su derecho.

Bien poco habría que esperar de la conciencia humana si, destinada por naturaleza a realizar como su propio fin y razón de existencia la justicia, cuyas dos faces visibles, palpables y estables en el mundo de los hombres son el derecho y el deber, se contentara con cultivar pasivamente su destino, o con arrobarse místicamente ante él. Así, ni el derecho habría crecido, ni el deber se haría cada vez más poderoso, ni la justicia habría pasado de noción dormida, ni la conciencia humana habría transpuesto el período de larva que, al fin y al cabo de sus seculares esfuerzos, va cumpliendo.

Cumpliéndolos va por haberse esforzado en hacer vivos y efectivos los derechos de su naturaleza racional, y concluirá por cumplirlos hasta el extremo de cumplimiento a que pueda llegarse en una evolución tan vasta, a la par que tan compleja; pero ha de ser con la condición de que el derecho se provea de su única arma verdadera.

Esa única arma es el deber. Derecho no ejercitado, no es derecho; derecho no vivido, no es derecho; derecho pasivo, no es derecho. Para que él sea en la vida lo que es en la esencia de nuestro ser, hay que ejercitarlo. Ejercitarlo es cumplir con el deber de hacerlo activo, positivo y vivo. Ejercitarlo es armarlo. Armado del deber, el derecho no necesita para nada de la fuerza bruta. Es seguro que si en cada momento del derecho hubieran los hombres cumplido con el deber de ejercitarlo, sostenerlo y defenderlo, mucho más adelantado estaría en su desenvolvimiento y no habría costado ni diariamente costaría a individuos, familias, sociedades municipales, regionales y nacionales, el raudal de sangre que, para sostenerlo a última hora, ha sido necesario derramar.

El que abandona en un momento de desidia su derecho; el que no siente lastimado el suyo cuando lastima el de otro; el que sordamente se promete cobrar por medio de la fuerza la justicia que se resiste a pedir al tribunal; el que ve sin sobresalto la violación de una ley; el que contempla indiferente la sustitución de las instituciones con la autoridad de una persona; el que no gime, ni grita, ni brama, ni protesta cuando sabe de otros hombres que han caído vencidos por la arbitrariedad y la injusticia, ese es cómplice o autor o ejecutor de los crímenes que contra el derecho se cometen de continuo por falta de cumplimiento de los deberes que lo afirman.

Luchar por el derecho no es armarse de un arma mortífera para conseguir, por medio de la fuerza, lo que es categóricamente contrario a la fuerza. Si la humanidad anterior, cuando se trata de la vida general del derecho, ha faltado sistemáticamente al deber de ejercitarlo, hasta el punto de que se haya creado contra el derecho natural, que abarca a todos, un derecho artificial, que privilegia a pocos, necesario es entonces matar con armas homicidas el privilegio consuetudinario que se ha erigido en derecho positivo; si nuestros antepasados, cuando se trata de una sociedad nacional, hicieron tal abandono del derecho que pudo un usurpador extranjero, ya en nombre de la conquista, ya en nombre de la ocupación de hecho, dominarnos sin sujeción a ningún pacto e imponiendo a nuestra vida la ley de su interés o su capricho, lícito es, y a veces importa con urgencia a la civilización, que afirmemos con el arma de la fuerza el derecho que de ningún otro modo podemos vivir y realizar. Esos tres casos son los únicos en que el derecho tiene que ser fuerza bruta, porque son los únicos tres casos en que es imposible cumplir el deber de ejercitarlo.

Las grandes revoluciones religiosas, tanto en el mundo antiguo como en el moderno; las profundas convulsiones político-sociales provocadas por el privilegio tradicional contra el derecho natural, en Inglaterra primero, en Francia después, durante todo este siglo en toda Europa; las guerras de independencia en los Países Bajos, en la América del Norte, en la del Sur, en Cuba; la lucha armada por la reconquista de la personalidad nacional en Grecia, en Polonia, en México, en la República Dominicana, deberes cumplidos fueron en la única forma en que el derecho podía cumplir con su deber.

Mas no es ese el único derecho, ni esa la lucha que conviene al derecho común en la vida del individuo y de los grupos. La lucha perseverante e incruenta en que el arma es el deber, palenque el tribunal, razón la ley; la lucha ardorosa y bulliciosa en que el arma es el deber, palestra la opinión pública, razón el libro, el opúsculo, el periódico o el diario; la lucha apasionada y tumultuosa en que el arma es el deber, campo de batalla los comicios, razón el voto; la lucha paciente y apacible en que el arma es siempre el deber, liza la cátedra, razón la ciencia, esa es la lucha que conviene al derecho, porque esa es la que se acomoda a su destino orgánico, la que fabrica todos los días un pedazo del edificio social o lo reforma; cimentando el derecho de todos en el de cada uno, el público en el privado, el de gentes en el natural, el de la humanidad presente en lo que tuvo de racional el de la humanidad pasada, y el del hombre del porvenir en lo que tenga de efectivamente humano el derecho del hombre actual.

Esa lucha, que ha de hacer más incontrastable de lo que es la institución de los derechos connaturales de la persona humana, que ha de completar con una organización más justiciera la institución de la familia, que ha de vigorizar con la autonomía la vida de los grupos municipal y regional, que ha de hacer de cada nación una corporación de todos los derechos integrantes que la forman, es lucha por el derecho, a condición de que sea lucha del deber. Tanto vale afirmar que si se ha de luchar en pro del derecho, ha de hacerse por medio del deber.

El deber abstracto de hacer efectivo el derecho, ejercitándolo, comprende tres deberes concretos: el de ejercitar el derecho, el de sostenerlo, el de defenderlo.

Se cumple el deber de ejercitar el derecho, en cuantos casos y circunstancias de la vida social e individual somos llamados por la razón, por la conciencia o por la ley a afirmar una realidad o una verdad, un hecho íntimo o externo, un precepto de ley positiva o un precepto de ley moral.

Se cumple con el deber de sostener el derecho, cuantas veces y en cuantos momentos lo vemos negado, zaherido o perseguido en otro, guiándonos entonces por el principio de que el derecho lastimado en uno es derecho lastimado en todos.

Se cumple con el deber de defender el derecho, cuando apelamos a la justicia organizada para reclamar de ella el conocimiento del caso judicial en que somos partes, y la aplicación estricta de la ley.

Se falta a esos deberes, cuando preferimos el empleo de la fuerza, y sustituimos el tribunal constituido con nuestra voluntad apasionada y ciega, y el criterio de la ley con nuestro propio juicio. Entonces, armando el brazo, desarmamos el derecho, y preparamos con nuestro ejemplo y con la triste irradiación de nuestras pasiones desligadas del deber, revoluciones, convulsiones, guerras, tiranías y anarquías como las que, desde el principio del derecho, lo han debilitado.

Como suele en el mundo físico, porque el mundo moral no es más que la obra recóndita y abstrusa de las mismas leyes que determinan el orden universal, que el descuido de una fuerza constructora de la naturaleza se convierte por nuestra torpeza o nuestra negligencia, en causa de ruina y destrucción, suele en el mundo moral convertirse el derecho, por inercia del deber que ha de vivificarlo, en causa de desorganización, de guerra y muerte.

Capítulo XIX. El deber de los deberes

Hay un deber que abarca a todos los demás: es el deber de los deberes. Consiste en cumplirlos todos, cualquiera que sea su carácter, cualquiera el momento en que se presente a activar nuestros impulsos o a despertar nuestra pereza o a convencer nuestra razón o a pedir su fallo a la conciencia.

No es deber que se cumple en circunstancias extraordinarias, sino en las circunstancias más comunes de la vida diaria.

Es el deber de cumplir con todos los deberes, naturales, individuales, en el seno de la familia, en el seno de la comunidad vecinal, en el seno de la sociedad regional, en el seno de la pequeña patria, que es para cada hombre el hogar de su tribu o su nación, y en el seno de la patria común, que es para todos los hombres el regazo de la humanidad.

Sin ese deber, que es a los demás lo que el nucléolo al núcleo, cada deber cumplido, cada caso concreto de deber agotaría nuestra actividad conscia. Entonces, paralizado lo que pleonásticamente hemos llamado la conciencia del deber, sería necesario renovarla, renovar los esfuerzos, restablecer en sus medios de acción los efectos psíquicos de cambio y movimiento, reparar las pérdidas causadas por el trabajo y la energía precedentes; en suma, restituir sus funciones al órgano (la conciencia), de quien son funciones los deberes. Pero en virtud de ese deber de los deberes, en toda conciencia se establece una disposición constante, aunque no siempre aprovechada, que es como la fuerza dinámica de la conciencia, o mucho mejor, como su actividad fisiológica, o comparando semejantes, como la actividad fisiológica y la fuerza dinámica de la razón.

Es indudable que si el ser social utilizara de continuo esa disposición a cumplir con todos sus deberes, y a tener en fecunda actividad a su conciencia, la especie humana habría llegado al último momento de su desarrollo y habría realizado el ideal de la humanidad, que es el dar cuanto su naturaleza puede dar, y sociedades, familias e individuos harían efectivo el sueño de la felicidad, porque gozaría de la plenitud de su actividad y sus funciones el órgano supremo de la vida racional consciente.

A eso se llegará: hay que esperarlo, porque eso es de nuestra naturaleza; pero aún no estamos más allá del período inductivo de la razón, y, por lo tanto, no puede la conciencia humana haber llegado ni estar próxima a llegar hasta aquel sumo grado de desarrollo en que el ser consciente sea lo que debe ser.

Por esa distancia a que aún está de la salud de la conciencia, el hombre social no aprovecha la fuerza dinámica que establece, mantiene y ordena sin cesar la disposición congénita de la conciencia a cumplir con todos sus deberes. Por eso también los incesantes conflictos entre deberes y fines de existencia, y por eso también la tardanza en civilizarnos, la irregularidad e insuficiencia del progreso y el carácter avieso de todas las civilizaciones, incluyendo la que, por posterior y debida a un más alto desarrollo de razón, debiera ya ser una civilización moral.

Mas ni por ser incapaces de utilizarla deja de ser efectiva esa disposición de la conciencia ni deja de ser positivo el deber de cumplir con todos nuestros deberes, núcleo o primer germen de todos ellos, más íntimo, más radical, más radicular, más vivo, más viviente que todos ellos.

Gracias a él puede nuestra vida individual ser el cumplimento del deber y transcurrir sosegada, tranquila y bienhechora por en medio de todos los escollos, rompientes y sirtes que oponen a su curso regular la masa de errores, de pasiones, de iniquidades, de inmoralidades que amontona en su lento y doloroso decurso la semibárbara y semicivilizada humanidad.

Gracias también a ese deber de los deberes, podemos llegar al punto de conciliación a que aspira la moral racional, punto desde el que se podrá contemplar sin calofríos de conciencia, la indiferencia medio estúpida y medio cínica, indiferencia de idiota por una parte, de epicúreo por la otra, con que se contempla la escandalosa contradicción que en la vida particular y general de humanidad y hombres se nota entre el desarrollo físico y el desarrollo moral de la civilización.

Ese punto de conciliación a que por ahora restringe su objetivo la moral, es el a que se llegará cuando, reconocida esa disposición de la conciencia a cumplir con el deber, no como un caso individual, ya de naturaleza, ya de educación, sino como una fuerza positiva de un órgano positivo de nuestro ser, adquiramos la costumbre de tener en algo esa disposición de la conciencia, y establezcamos imperceptiblemente la costumbre de cumplir con los deberes que nos imponga nuestra vida.

Nada más pide por ahora la moral. Día, aunque lejano, llegará que, conociendo la agencia corrosiva de la costumbre, pida el cumplimiento del deber, no porque se haya adquirido la costumbre de cumplirlo, sino por concienzudo conocimiento del bien que conlleva y por esta vigorosa y benévola conciencia de la dignidad humana. Por hoy le basta acostumbrar a la práctica y a la idea del deber; y en su anhelo de restablecer el orden moral, que solo existe mecánicamente sostenido por la fuerza con que a él contribuyen en la economía del mundo social los deberes parciales que se cumplen, especialmente en la relación de necesidad y en la de derecho, hasta se resigna a acostumbrarnos a que conozcamos, no ya los deberes concretos de cada momento, sino el deber de cumplir con los deberes.

Hace bien en resignarse. Dado eso, lo demás se le dará por la fuerza de las cosas.

Capítulo XX. Los conflictos del deber. La regla de los conflictos

Mientras la idea del deber no sea guía de nuestras acciones, cada vez que la conciencia individual se mueva al cumplimiento de un deber preciso, se hallará en conflicto consigo misma. Y mientras la costumbre del deber no sea la pauta común de las acciones en la vida social, los pocos que consuetudinariamente cumplen con sus deberes vivirán en conflicto con la universalidad de sus coasociados en todos y cada uno de los grupos en que funcionan.

Los conflictos del primer caso resultan de la pasividad de la conciencia personal; no habituada a funcionar, padece de la misma inercia que paraliza la actividad funcional de cualquiera otro órgano de vida, ora física, ora psíquica.

Los conflictos del segundo caso proceden de la disparidad de fuerza consciente, o si se entiende mejor, de la diversidad de disposición a cumplir con su deber en los individuos que sufren y en los que concitan el conflicto. Exactamente lo mismo que en el encuentro de dos fuerzas, una dinámica, otra estática, confligen una y otra hasta que la más poderosa prevalece; o exactamente, asimismo, como cuando se encuentran las sólidas ideas de una razón en saludable desarrollo con las medias-ideas de una muchedumbre semiirracional, la fuerza de inercia intelectual en ésta pone en conflicto a la razón activa, así el choque de conciencias activas e inactivas, de deberes en movimiento con deberes en reposo, produce un conflicto de deberes.

En el caso personal, el conflicto termina casi siempre en una aflicción secreta que señala con su dolorosa cicatriz las frentes de los tristes; ya hace más de dos siglos que el poeta conocía las consecuencias de la lucha, cuando, por boca de Hamlet, clamaba sordamente: «Thus conscience does make cowards of us all». Y no es que la conciencia haga cobardes: no hay nada que haga tan valeroso como la conciencia, siendo como ella es la dotada exclusivamente de la fuerza que hace los héroes del deber y los mártires de su deber. Pero como la aflicción que subsigue a los conflictos del deber en la conciencia individual son luchas sordas del ser consigo mismo, que no tienen testigos, ni estímulos, ni victorias exteriores, pues el bien de vigorizar y fortalecer la conciencia que producen, es íntimo e invisible, y solo se ve de él la tristeza de la superioridad de conciencia, que se esculpe en el rostro, la imaginación, al ver esa tristeza, y al notar que los conscientes se desarman, en la batalla de la vida de relación, de cuantas armas hace victoriosos a los que tienen el depravado valor de aceptar todos los medios, interpreta la tristeza de superioridad por tristeza de vencimiento, y el vencimiento por cobardía. Lejos de eso, ninguna fuerza es comparable, ninguna fortaleza tan resistente como la fuerza que desarrolla y como la fortaleza que hace formidable a la conciencia personal en las luchas del deber.

Ese aumento de fortaleza y ese desarrollo de fuerza son absolutamente naturales, siendo consecuencia lógica y psicológica del desarrollo del órgano en donde el deber funciona y para cuya salud funciona. Ese simple hecho de fisiología es tan desconocido hoy como lo era antes de las observaciones y experimentos de la fisiología animal el paralelismo de las funciones orgánicas y el desarrollo de los órganos. Mas no por eso es menos verdad ni menos hecho. En consecuencia, por lo que atañe inmediatamente a la moral, en vez de eludir con sus consejos esas luchas y conflictos del deber en la conciencia individual, las utilizará como medio natural que son de fortalecer el órgano supremo de la vida psíquica. No porque sean individuales, carecen de trascendencia social esos conflictos: basta a un hombre ser e hombre, es decir, representar en sí el tipo inicial de que es imagen, para que, aun cuando se abstenga de la vida de relación, influya en ella. Su ejemplo es por sí solo una influencia social. Pero los conflictos de deber que más especialmente afectan a la conciencia colectiva y van acompañados de luchas más ardientes, luchas ya no sordas, combates mano a mano y cuerpo a cuerpo, acompañados de gritos que se oyen, de peripecias que se ven, de episodios que se admiran, de evoluciones que se objetivan en masas vivientes que se mueven y remueven por la invisible iniciativa del deber, son los conflictos entre deberes que se derivan de relaciones sociales.

Esas luchas no son más morales que las otras, acaso lo son menos, porque en ellas entran estímulos de pasión, de voluntad o de imaginación que alteran el desinterés de las primeras; pero son más extensas en sus beneficios, porque, poniendo en actividad conciencias que vivían inertes, inicia en ellas la actividad que va lentamente favoreciendo el ascendiente de la razón y construyendo con ella la conciencia social.

En una sociedad desorganizada basta a veces el espectáculo de esas luchas de deber, promovidas por pocos que cumplen con los suyos entre muchos que no cumplen con ninguno o que sistemáticamente corrompen la moral pública, faltando con premeditada deliberación a los deberes más obvios de la vida social, para determinar una reacción contra la inmoralidad reinante.

La lucha se entablará primero entre el consciente o los conscientes con la sociedad en masa. El germen de conciencia colectiva que haya en ella no alcanzará, no podrá de ningún modo alcanzar ni el motivo, ni los medios, ni el propósito del cumplidor de su deber, y éste tendrá que luchar a brazo partido, y a conciencia irritada, con cuantos de cerca o de lejos, más al principio con los más cercanos, tengan, puedan o deban tener alguna participación en el cumplimiento del deber.

Pasivas las conciencias, encontrará reacias todas las voluntades, obtusos todos los entendimientos, refractarias las sensibilidades, hipócrita o burlona la palabra, sardónica o hipócrita la sonrisa, dudosa toda cooperación, interesado todo aplauso. La lucha, en tanto, fortaleciendo al que defiende su conciencia contra las agresiones de la inmoralidad circunstante, hará patente a los próximos, después a los lejanos, y poco a poco a la sociedad entera, la fuerza de resistencia de la conciencia humana, cuando un solo hombre, o pocos hombres que están firmes en la noción de su deber, resisten a la masa social, que no tan solo es masa mecánica, sino también masa de pasiones insanas, de mentiras audaces, de calumnias atroces, de atrocidades infames contra aquel o aquellos que resisten y vencen sus impulsos.

Cuando se ve esa fuerza de conciencia, se admira; y cuando se admira, el sentimiento de lo sublime se despierta en la imaginación colectiva; y como toda satisfacción de una necesidad produce placer y suscita otra nueva satisfacción, el estímulo de lo bello moral y el interés del placer que nos produce, va persuadiendo a las imaginaciones y atrayendo el sentimiento de la multitud que, al fin, o desiste de su hostilidad o no resiste al deseo de imitar lo que admiró.

Aún quedará entonces subsistente el conflicto. Los representantes poderosos de la sociedad desorganizada por el abandono o la ignorancia del deber, viendo los frutos del deber cumplido, y amonestados por su instinto de conservación, que se alarmará al ver el cambio social, ocuparán entonces el puesto de combate abandonado ya por la multitud vencida o convencida.

Tal vez sucumban entonces los que sostienen la lucha del deber; pero el resultado de la lucha les será dos veces favorables: una vez, porque habrán salido más fuertes de conciencia; otra vez, porque habrán determinado en el espíritu de la muchedumbre social un movimiento de conciencia que solo la idea del deber, o la del derecho armado del deber, puede determinar y que concluirá por formar una conciencia social más poderosa.

Esos conflictos del deber en la conciencia colectiva son eminentemente dramáticos, cuando el deber en lucha sirve de arma a derechos ya maduros. Entonces, como ya se ha verificado el primer momento del conflicto, que empieza en la resistencia de la sociedad y acaba, según hemos descrito, en la invasión de la conciencia colectiva por la idea del deber, la fuerza conscia es irresistible, y cuando la reacción contra ella es muy obstinada por ser muy ciega o muy soberbia, da los 0 años de guerra religiosa en Alemania, pero triunfa; los 60 de lucha activa o pasiva entre los Países Bajos y España, pero triunfa; da los siete de incesante lidiar entre las trece Colonias e Inglaterra, pero triunfa; da los 12 de implacable guerrear entre las Colonias continentales de origen español y España, pero triunfa. Nunca ha sido vencida la conciencia colectiva en sus conflictos por el cumplimiento del deber.

Cuando lo ha sido, o la conciencia no era clara, o el deber no se cumplía.

La seguridad de esta afirmación corresponde a la seguridad de convicción que debemos tener, que tiene moral, de que los conflictos del deber social, antes que evitarse, han de favorecerse por cuantos medios estén al alcance de Estados e individuos, no por parte de aquellos para provocar colisiones peligrosas, ni por parte de éstos para ensayar reformas o innovaciones caprichosas, sino para utilizar en bien de la sociedad el desarrollo, la fuerza y la fortaleza de conciencia que necesaria y felizmente resulta de la fuerza conscia que despliega en esas luchas.

A veces el conflicto del deber no dimana de oposición entre él y sus antítesis, sino de gradación entre los mismos deberes. Así, hay conflictos entre dos deberes contradictorios, o que parecen contradictorios; conflictos entre deberes concretos y deberes no muy precisos; conflictos entre deberes naturales y deberes convencionales; conflictos entre deberes inmediatos y deberes mediatos. Tanto como es un bien para la moral el estímulo de los conflictos de deber resultantes de la oposición hecha a la conciencia individual o colectiva por fuerzas antagónicas del deber, tanto sería un mal favorecer o prolongar los conflictos entre deberes.

Si el resultado de aquéllos es la fortaleza, el de éstos es la vacilación de la conciencia. Por eso importa salvar pronto los conflictos de esa especie. Para salvarlos, hay una regla:

Entre dos deberes, se ha de cumplir primero el más inmediato, el más extenso, el más concreto.

Capítulo XXI. Deberes del hombre para con la humanidad

Confraternidad. Filantropía. Cosmopolitismo. Civilización.

La moral social, además de incompleta, sería muy corta en su alcance y muy mezquina en su propósito, si solo ligara al hombre con la sociedad nacional de que forma parte. A más alcanza y más elevado es su propósito: la moral social indaga y establece las relaciones de cada hombre con cada uno de los grupos que inmediatamente lo contienen, porque cada uno de esos grupos es una porción de humanidad, de modo que cada deber cumplido con una sociedad particular es cumplido con la humanidad entera. Lejos, por tanto, de excluir la relación de humanidad, la moral social debe incluirla, hasta tal punto, que la primera verdad que se aprenda y la última que por medio de ella se utilice, sea la de que el hombre es una parte de la humanidad, que el seno natural de todo hombre es la humanidad entera.

Ya en la enumeración de deberes que se derivan de cada una de las relaciones morales del hombre, vimos que el trabajo, la obediencia, el sacrificio y la educación toman nombres distintos, según son los grupos sociales a que se refieren.

Veamos ahora qué nombres toma cada uno de esos deberes en el grupo que comprende a los demás. El deber de trabajo se llama aquí *confraternidad*; el de obediencia toma el nombre de *filantropía*; el de sacrificio, *cosmopolitismo*; el de educación, *civilización*.

Confraternidad. Es el deber que el hombre individual, en cada uno de los grupos sociales, tiene de trabajar en pro del desarrollo mejor y más completo de la especie humana a que pertenece.

En realidad, tan ligadas están por la naturaleza racional del ser humano todas las entidades, individuales o colectivas, que todo trabajo de cualquiera especie, hecho por cualquier individuo o por cualquier grupo, con objeto de bien o fin de mal, trasciende a la humanidad entera, ya como ejemplo, ya como palpable resultado.

Pero no son estas consecuencias fatales de los actos del hombre, sobre los seres todos de su especie, lo que la moral social conoce con el nombre de *confraternidad*. Si este es un deber, ha de ser concienzudo, y si es concienzudo ha de ser racional, y, por lo tanto, la confraternidad nos compele a ejercitar deliberadamente, con plena conciencia del objetivo a que debemos consagrarlas, todas las actividades y las fuerzas de nuestra razón, nuestra voluntad y nuestra conciencia.

Considerándonos hermanos los unos de los otros, todos de todos, porque todos procedemos de la misma especie, de la misma humanidad, la humanidad es nuestra familia universal; y así como a nuestra familia particular le prestamos el auxilio de nuestros músculos, de nuestros nervios, de nuestra voluntad y de nuestro cerebro para sustentarla y sostenerla, así debemos hacer efectivo con nuestros actos, con nuestro trabajo, con nuestro esfuerzo, el sentimiento de fraternal inclinación que despierta en nosotros la presencia de la especie humana en la historia, o la idea de la humanidad en nuestra mente. Aunque no queramos, aunque no lo sepamos, así lo hacemos: la historia de la civilización, en su alcance moral, no es otra cosa que prueba palpable de la inconsciente confraternidad de los seres humanos.

Pero ya es tiempo de que el hombre quiera y sepa ser hermano del hombre, y tenga conciencia, clara y efectiva conciencia de su origen, de las relaciones naturales de su origen, de los deberes que su origen le impone para con la familia humana, y del interés de familia, de hermano, de inmediato deudo que tiene en trabajar y en esforzarse por servir al aumento de bienestar, de felicidad, de libertad, de cultura y de justicia en su familia universal.

Cuando la revolución francesa, confundiendo el derecho con el deber, y la expresión de la justicia con la expresión de la moral, puso la fraternidad como primera persona de su trinidad social, erró sin duda ante el derecho, pero acertó sin duda en cuanto al deber final de toda organización jurídica, que, estableciendo el orden en la libertad, deber llevar a establecer el orden en el bien. Lo que era una invocación, sea un propósito deliberado: ya es tiempo. Ya hace más de un siglo que los atormentados por el odio que los concitó, y por el odio que excitaran, elevaron a principio de organización el que no es un principio, sino un deber, no una base de organización jurídica, sino una base de ordenación moral.

Filantropía. Hasta ahora la filantropía no ha pasado de ser un sentimiento, una mera expresión de sensibilidad individual o colectiva, que manifiesta el afecto natural del libre al libre, no por ser connacional o convecino o deudo o amigo, sino por ser hombre.

De aquí en adelante, si prevalece la moral fundada en la realidad de la naturaleza humana, la *filantropía* será considerada como un deber social.

Ya, como mero sentimiento, produjo aquella explosión de dulces afectos y de amor a los hombres todos, que honrará para siempre los últimos años del siglo XVIII. Ya, como mero sentimiento, produjo en el albor de nuestra era aquella dulce personificación de igualdad y caridad que se llamó Jesús. Ya antes de Jesús había ella producido a los estoicos. Ya antes que a los estoicos, produjo la misma caridad universal al Jesús revolucionario de la India, Buda. En China produjo a Confucio; en Grecia, a Sócrates; entre la horda infame que desde Roma deshonra con el nombre de emperadores a la estirpe humana, produce a Marco Aurelio; en el menguado imperio bizantino, produce a los neoplatónicos; en la Edad Media de Europa, a Rogerio Bacon; en todas las edades, a algún generoso personificador del sentimiento de unión entre los hombres.

Pero el momento de la Historia en que más palpitante se ha mostrado ha sido el siglo en que los conscientes y los inconscientes lo invocaban, y desde el padre de Mirabeau hasta el padre de la Revolución francesa y sus errores, todos volvían la cabeza hacia el porvenir como esperando una era en que todos los hombres, amándose con verdadero amor, veneraran juntos la imagen de la madre humanidad.

La explosión de filantropía fue tan formidable, que a ella, más que a la acción deletérea de las pasiones y de los errores, se puede atribuir el aborto de monstruosidades que produjo.

No por ser madre de monstruos, dejó la Revolución francesa de ser uno de los más nobles estallidos de humanidad que ha habido en el mundo, así como no por infecundo en su inmediato resultado, lo fue en sus resultados ulteriores en sentimiento de filantropía que la produjo.

Mas la prueba de que ese sentimiento no basta para edificar sobre él una moral menos cambiadiza que la usual, está en que, detrás de cada una de esas detonaciones históricas de la filantropía, vienen simultáneamente una horrible reacción de los sentimientos egoístas contra los generosos en el vulgo de los hombres, y una lenta elaboración de la inteligencia y la conciencia, que, asiéndose de ese sentimiento, intentan retenerlo en el mundo y construir en él una realidad social un poco más humana que la triste realidad de egoísmos disociadores, de pasiones batalladoras, de exclusivismo anárquico, de localismos, de provincialismos y nacionalismos enervantes.

A ese propósito de alta razón y alta conciencia, solo puede llegarse considerando un deber lo que hasta ahora se ha considerado como un sentimiento sin responsabilidad.

Pero ¿se puede elevar a la categoría de deber el sentimiento de amor universal? Tan se puede, que en vez de hacer esa pregunta se debería hacer la contraria. ¿Cómo ha sido posible que no haya ligado siempre a todos los hombres el deber que la naturaleza nos ha impuesto de amarnos todos como nos amamos nosotros mismos?

Sí: la filantropía es un deber de cada hombre y de cada uno de los grupos sociales en que el hombre se desarrolla.

Es un deber, porque la naturaleza ha procedido de tal modo en la realización y en la organización del ser humano, que es imposible que el individuo o los grupos humanos prescindan de aquella constante relación que une el hombre al hombre, como el átomo al átomo, como la gota a la gota. Es un deber, porque la razón reconoce en la comunidad de origen, naturaleza y destino de todos los hombres, un medio natural, expresamente preestablecido, para llegar a un fin común. Es un deber, porque la gratitud por los bienes que el hombre debe al hombre, tiene por necesidad del plan de relaciones y de consecuencias que ha establecido el orden moral, que dar por consecuencia un deber que corresponda a ella.

El deber, la filantropía, es tan preciso como la relación, la gratitud. Si reconocemos, como reconocen los dotados de vista intelectual, que los unos hombres somos deudores de los otros, todos de todos, los de esta humanidad de los de la humanidad anterior, los de hoy de los de ayer, los de acá de los de allá, por los beneficios que incesantemente nos prestamos, reconocemos subsecuentemente que la gratitud es una relación positiva entre todos, y deducimos el deber de manifestárnosla por medio del amor.

Hay, pues, un deber, y es preciso, concreto y positivo. La moral debe cultivarlo, no solo para repetir la explosión de generosos afectos que produjo la Revolución francesa, sino para evitar los errores y extravíos que han hecho de ella y del solemne sentimiento que la hizo tan expansiva y tan fecunda, tantos enemigos cuantos son los hipócritas que afectan terrores que no sienten, o los ingenuos que se dejan engañar por los hipócritas.

Cosmopolitismos. Hay en el mundo una porción de desgraciados que, so color de que la patria de los hombres es el mundo, se desentienden de la patria, dicen que para ser ciudadanos del mundo. No es ese el cosmopolitismo que consideramos nosotros un deber. El que abjura de un deber no puede cumplir con otro deber más compulsivo. Ese no es más que un egoísta astuto que, con su hipocresía, intenta cohonestar su falta de virtud.

Cosmopolita no es el hombre que falta al deber de realizar los fines que la patria le impone, sino el que, después de realizarlos o batallar por realizarlos, se reconoce hermano de los hombres, y se impone el deber que reconoce de extender los beneficios de su esfuerzo a cualesquiera hombres en cualesquiera espacio y tiempo.

Cosmopolita es el patriota en toda patria. Empieza por serlo en la de origen geográfico y concluye por serlo en la de origen zoológico. Empieza por ser verdadero hombre en su patria, y acaba por ser verdadero patriota en la humanidad entera. Tiene la completa noción de dignidad que se desarrolla en los seres de conciencia cultivada, y por lo mismo que las utilidades calculadoras son incapaces de moderar sus impulsos hacia el bien, tiene de la utilidad la idea exacta que ha de tener el que quiera fabricar en la realidad de la naturaleza humana, y reconoce que el uso mejor que podemos hacer de nuestros medios de acción es el que hacemos en provecho de los hombres todos. Entonces, para él, todo el mundo es patria, porque todo el mundo es la repetición exacta de la porción de humanidad de que procede, y en todas partes tiene el deber de hacer lo que quiso, deseó o intentó para su patria, y porque en todas partes trabaja para ella, no solo por ser solidarios entre sí todos los bienes de los pueblos, sino porque el mérito que adquiera ante otros pueblos refluirá como honra y gloria para el suyo.

Civilización. El hombre no tiene solamente el deber de educación moral e intelectual que deben proporcionarle la Familia, el Municipio, la Provincia y el Estado; el hombre, cada hombre, cada grupo de hombres tiene también el deber de comunicar a los demás las nociones, las ideas, los principios, las doctrinas, los procedimientos, los métodos, las teorías, las reformas y las innovaciones que hayan hecho. Los conocimientos, prácticos y teóricos, en que se funda el desarrollo de los bienes materiales, morales e intelectuales, son patrimonio de la Humanidad. No éste, no aquél, no esotro pueblo; no éste, no aquél, no esotro individuo son los capaces de realizar por sí mismos los fines de la Humanidad. Todos tienen que concurrir, todos son hijos de la Humanidad. Esa comunidad de propósitos constituye el deber, en cada hombre y grupo de hombres, de cooperar a sabiendas a la realización del destino común de nuestra especie. No cumpliría con ese deber el individuo o sociedad que negara el beneficio de su cultura particular a las demás sociedades e individuos. Y al faltar a ese deber, sufriría la pena de su culpa, privándose a sí mismo de los elementos de cultura peculiar que pudieran tener aquellos pueblos o individuos a quienes negara el contingente de sus conocimientos y adelantos. Por su parte, la sociedad universal desconocería el derecho que cada sociedad particular tiene de contar con el ejemplo y con la educación del ejemplo que recibe con el espectáculo de la civilización; y cada vez que consiente o aplaude o favorece desarrollos de barbarie, y mientras abrigue en el seno mismo de sus civilizaciones el hormiguero de bárbaros que hacen las injusticias, la ignorancia y las desigualdades de derecho, que siempre están ojo alerta esperando el momento de abalanzarse sobre los opresores que les niegan la parte de suelo y cielo que todos recibieron en común, la sociedad universal faltará al deber de presentarse a la contemplación e imitación de los hombres como el ser colectivo que vive para todos haciendo el bien de todos.

No tardará en llegar el día en que la sociología presente la civilización, no como hasta ahora se presenta, concierto casual o indeliberado de actividades múltiples en múltiples tiempos y lugares, sino como una verdadera ley natural de la sociedad humana y de cada sociedad particular. Tal vez entonces no extrañe tanto como ahora puede extrañar el que se incluya entre los deberes sociales el de civilizarse. Pero aun sin el auxilio de la ciencia madre, la moral puede hacer comprender la realidad del deber de civilización, haciendo entender lo que hay dentro de ese concepto. Y como civilizarse no es más que elevarse en la escala de la racionalidad humana, es evidente que civilizarse es un deber.

Capítulo XXII. Deberes complementarios

Sinopsis de los deberes sociales primarios y secundarios. Sinopsis de las virtudes sociales, políticas y económicas.

Ya averiguado que el deber es fuente de moralidad, único principio verdadero de moral, el mejor entre los auxiliares de los fines de la vida individual y social, el más moralizador de cuantos medios pueden aplicarse a la consecución del propósito de la humanidad, veamos si de los deberes enumerados se puede hacer derivar, o por naturaleza se derivan, algunos deberes secundarios que contribuyan a hacer más efectivos los primarios y a hacer más fácil, en la recíproca relación del individuo y cada grupo social y de cada uno de los grupos con el individuo y con ellos entre sí, el cumplimiento del destino del hombre en sociedad. En realidad, deberes secundarios no hay ni puede haberlos: todos los deberes son primarios, porque todos tienen importancia primaria en la eficacia de las relaciones que enlazan la vida individual con la social. Pero es innegable que hay cierto número indefinido de deberes que auxilian a los otros en su función moral, que los completan, los facilitan y operan o pueden operar como medio mecánico, o mejor diremos, como medio funcional, para establecer la costumbre del deber.

La propiedad de ser discontinuos que tienen esos deberes complementarios los hacen menos austeros a los ojos de la muchedumbre, y les dan más brillo y atractivo en la imaginación popular, por lo cual son preciosos auxiliares de los deberes genéricos y del conjunto de relaciones que activan.

No hay necesidad de enumerar los deberes complementarios, porque, derivados como son de los primarios o genéricos, cada ejercicio de virtudes que requiera el cumplimiento de los deberes genéricos, será un deber complementario. Pero como las virtudes no son más que casos concretos de deberes, y conviene enumerarlas para saber a qué casos de un deber primario corresponde cada una de ellas, trazaremos aquí un cuadro general de los deberes complementarios que requiere el cumplimiento de los deberes primarios del hombre social.

Para comprender mejor la sinopsis siguiente, adviértase que si, en la segunda, dividimos los deberes secundarios o virtudes en tres grupos, el de las sociales, el de las políticas y el de las económicas, no es porque en el fondo sean todas ellas un esfuerzo reflexivo para mejor contribuir al bien social, sino porque así se presentan más claramente adaptadas al género de beneficio que producen.

SINOPSIS NÚMERO 1.

DEBERES

Primarios	Secundarios
Trabajo	Ahorro.
Contribución	Previsión.
Fomento	Constancia.
Patriotismo	Dignidad.
Confraternidad	Beneficencia.
Obediencia	Veneración.
Sumisión	Benedicencia.
Adhesión	Reverencia.
Acatamiento	Resignación.
Filantropía	Benevolencia.
Sacrificio	Solidaridad.
Unión	Legalidad.
Cooperación	Integridad.
Abnegación	Magnanimidad.
Cosmopolitismo	Tolerancia.
Educación doméstica	Prudencia.
Educación fundamental	Equidad.
Educación profesional	Firmeza.
Educación universitaria	Justificación.
Civilización	Imparcialidad.

SINOPSIS NÚMERO 2.

VIRTUDES O DEBERES SECUNDARIOS

Tolerancia.
Benevolencia.
Beneficencia.

Benedicencia.

Imparcialidad.

Discreción.

Justificación.

Solidaridad.

Resignación.

Veneración.

Reverencia.

Frugalidad.

Dignidad.

Solidaridad.

Legalidad.

Integridad.

POLÍTICOS   Constancia.

Firmeza.

Prudencia.

Equidad.

Ahorro.

ECONÓMICOS   Sobriedad.

Previsión.

Frugalidad.

Según claramente lo expone la sinopsis primera, los deberes secundarios se derivan inmediatamente de los primarios, o se generan de los deberes genéricos, para auxiliarlos y completarlos.

En la relación de necesidad, de la cual se deducen todos los deberes del trabajo, este es auxiliado y completado por el ahorro; el deber de contribución, por el de previsión; el de fomento, por el de constancia; el de patriotismo, por el de dignidad; el de confraternidad, por el de beneficencia. No es difícil ver el nexo natural que hay entre los deberes genéricos y los generados. Sin embargo, descubrámoslo.

La economía social, que, científica lo mismo que históricamente, está fundada en la economía doméstica, empieza por ser un deber en el hogar para ser un instrumento del capital y del trabajo en la industria general. De un modo tan efectivo auxilia al trabajo que tiene por objeto la sustentación de la familia, que es proverbial, en la vida de ese grupo, la fuerza que le da. El ahorro, por su mismo carácter, es un ejercicio doméstico. Las instituciones económicas que han venido hoy (la Caja de Ahorros entre todas) a ampliar los beneficios del ahorro, no son más que extensiones del hogar y centralizaciones de la caja doméstica de varios hogares asociados libre y anónimamente para beneficiar en común el cumplimiento del deber de salvar una parte del producto del trabajo para cimentar en él un capital.

En los países en donde la tributación municipal es muy compleja, la salvaguardia del vecino es la previsión. Esperando siempre la tasa, siempre tiene pronto el tributo. Sobre el imprevisor caen juntos la tasa y el apremio, la carga y el bochorno, la derrama y la vergüenza. Así, cuando restrinjamos el vasto deber de contribución a la simple relación económica de tributante y tributario en que están respectivamente la sociedad municipal y el vecino para cuanto dice referencia a las necesidades materiales del municipio, todavía será el deber de previsión un precioso auxiliar del que completa.

Pero bien sabemos que la contribución a que moralmente se obliga a todo asociado en la vida comunal, no es exclusivamente económica, pues lo relaciona también con la actividad sensitiva, volitiva e intelectiva de esa segunda sociedad. Pues bien, en todo caso, en cada caso de contribución moral a la civilización y perfeccionamiento de la comunidad, es su complemento necesario la previsión, pues de la suma de todas las previsiones resultan la fuerza expansiva, el desarrollo, el adelanto y la prosperidad de la asociación comunal.

Sin constancia, no hay fomento. Fomentar, como lo da a entender la etimología, es obligarse consigo mismo, el que fomenta, a seguir paso a paso en su desenvolvimiento, crecimiento y expansión, un fomes, germen o núcleo capaz de evolucionar y dar un fruto. La suma de continuos esfuerzos y el minucioso y constante trabajo que esa inspección, favorecimiento, adopción y aplicación de procedimientos al fomento de una finca, de una industria o de una sociedad, requiere, en los casos mencionados, el mismo ejercicio de constancia, aunque en menor escala, que reclama de sus hijos la sociedad provincial. No basta en ella que todos cumplan con el deber de fomentarla, desarrollando los gérmenes de riqueza y bienestar, de derecho y libertad, de autonomía y gobierno de sí propio que por naturaleza tengan: es necesario que ese deber primario se complete con la práctica y ejercicio de otro deber, el de constancia.

El patriotismo pasa de sentimiento a deber, cuando el patriota tiene tan exacta idea de su dignidad personal y de la dignidad colectiva de la sociedad nacional, que llega a refundir todos los afectos, deseos, ideas, derechos y deberes afijos a la noción de patria, en el sentimiento, idea, derecho y deber de conservar, defender, sostener y sacar victoriosa la dignidad de la naturaleza humana en la nacional y en la suya propia. Sin dignidad, no hay patriotismo; sin individuos profundamente dignos, no hay patriotas. Podrá, en un instante de exaltación de los sentimientos colectivos o de las pasiones nacionales o de los instintos de turba, parecer que hay patriotas aun entre individuos despojados de toda dignidad personal: acaso esos indignos, revestidos de la dignidad del patriotismo, sirvan de algo cuando es preciso vociferar, aturdir, desconcertar, revolucionar y demoler; pero tan pronto como el tiempo los ponga a prueba o el sacrificio los experimente o el soborno los busque, el patriotismo se va con la dignidad que él mismo les prestó.

Cuando la dignidad no es prestada, sino ejercicio consuetudinario y concienzudo del deber de respetar en todos y hacer respetar en nosotros la alteza natural del ser humano, el deber de ser dignos hace insobornable, inviolable, inquebrantable el deber del patriotismo.

Son, dignidad y patriotismo, dos deberes tan correspondientes, que el cumplimiento del auxiliar, la dignidad, corresponde de un modo absoluto al primario, el patriotismo; y todo aumento de patriotismo es generación de dignidad en el patriota. Así, en virtud de esa correspondencia, es como pueden algunos embusteros de patriotismo concluir por asumir cierta apariencia de dignidad, que, cuando menos, les sirve de freno y valladar.

Hay porciones de humanidad tan desgraciadas, que ni estiman en sus individuos la práctica de la dulce caridad, ni en sus grupos sociales el ejercicio de la noble beneficencia. Individuos, no conocen o han perdido la capacidad de sentir el placer de tender una mano al caído. Asociados, ignoran que la forma social, fecunda forma de la caridad, es la beneficencia.

Este deber se genera del de confraternidad. Como él, abarca al hombre de todos los grupos, y se sale de la familia, del vecindario, de la región, de la nación, para buscarlo en la humanidad, no preguntándole «¿de dónde eres?», sino «¿de qué has menester?». Confunde el hermano con el desconocido, el amigo con el enemigo, el próximo con el lejano, el de la propia con el de la extraña raza, el domiciliado con el errabundo, el recién llegado con el recién nacido, razas, personalidades, procedencias, comarcas, vicios, ignorancias, indigencias, lacerías de cuerpo y alma, y, anónimamente, de incógnito, en tal secreto que es imposible revelarlo, porque los bienhechores son innumerables, y da asilo, abrigo, alimento, educación, guías,[3] flores,[4] solaces,[5] consejos, estímulos, ejemplos, cuna, tálamo, ataúd.[6]

Esa caridad, perfectamente anónima, beneficencia de todos y de ninguno, acto social, disciplina social, deber social, es la forma plástica de la confraternidad humana. Como la confraternidad reconoce hermanos en el trabajo a todos los hombres, así la beneficencia reparte los frutos del trabajo colectivo entre los hombres.

Hablar de confraternidad, y no practicarla, es no sentirla o mal sentirla, y de ningún modo reconocerla como un deber. Para que en realidad sea un deber, ha de completarla la beneficencia. El un deber completa al otro.

---

3   En Nueva York hay una asociación que tiene por objeto la corrección y dirección moral de los criminales. En las tardes de los domingos se presentan, en los lugares que sirven de ciudadela a esos desgraciados, algunas señoras (que son las generalmente encargadas de ese ejercicio de la beneficencia), que penetran en los antros oscuros y a veces tenebrosos de los criminales y sus familias, a quienes reúnen, exhortan, distraen, divierten y socorren, no siempre sin peligro, pues que a veces salen silbadas y perseguidas.

4   Otra asociación benéfica tiene en los Estados Unidos la delicadísima, enternecedora y realmente civilizadora institución de llevar, en primavera, flores y plantas a los enfermos pobres, a los asilos, hospitales, escuelas y albergues miserables.

5   Hay, siempre en los Estados Unidos, otra institución de beneficencia que tiene por fin el procurar higiénicos solaces a los niños pobres, llevándolos gratis a excursiones terrestres, fluviales o marítimas, cuyo alcance moral se percibirá algún día.

6   Hay casas de beneficencia para cada uno de los tres momentos capitales de la vida.

Capítulo XXIII. Deberes complementarios. Continuación

En la relación de gratitud funcionan como inmediatos derivados suyos los deberes de obediencia a las autoridades del hogar, de sumisión a los mandamientos municipales, de adhesión a los decretos del gobierno regional, de acatamiento a la ley de la nación, de filantropía o amor activo y reflexivo al ser humano, nuestro congénere, nuestro colaborador universal, nuestro compañero de medios y fines en la vida. Ninguno de esos deberes es completo si no actúa con él, como operando para fines particulares dentro del general de la función, un deber complementario de ella. Ni la obediencia es fructuosa cuando no la secunda la veneración; ni la sumisión a la autoridad municipal puede, sin la benedicencia, que es el lazo de paz y de concordia, dar el orden por fruto y resultado; ni la adhesión de las provincias a su autonomía salvadora de derechos, tiene fuerza bastante de adherencia cuando no es íntima, continua y concienzuda la reverencia al gobierno regional; ni el acatamiento a la ley nacional es suficiente sin la resignación de los nacionales a las contrariedades, pérdidas o peligros que pueda ocasionarles la conversión de la voluntad plural en ley; ni la filantropía es nada sin la benevolencia, por más que, juntos el deber generador y el generado, den por fruto la fuerza de atracción humana.

A la tercera relación, relación de utilidad, concurren como lazos que la hacen más fuerte y resistente el deber de sacrificio, el de unión, el de cooperación, el de abnegación y el de cosmopolitismo.

No operará junto con el deber de sacrificio su generado el de solidaridad, y la familia no subsistiría mucho tiempo; pero con la idea de la solidaridad de los elementos constitutivos de la familia se manifiesta continuamente, en su actividad ordinaria y en sus agitaciones extraordinarias, la idea del deber de sacrificio labra, también de continuo, la voluntad de la familia y su conciencia, completándose el uno en el otro deber, y haciéndose posible la solidaridad por el sacrificio, y el sacrificio por la solidaridad. Sepárense mentalmente las nociones y los deberes que arraigan en ellas, y se verá derrumbarse la familia. Lo mismo, y por ser igualmente inseparables el deber genérico de unión y el generado de legalidad, se derrumbaría el municipio.

La unión no puede pasar de sentimiento, ni aun de presentimiento, cuando el deber de legalidad no es efectivo en el hombre de todos los grupos sociales, pero particularmente, por ser el fundamento de la sociedad jurídica, en el grupo municipal.

Legalidad no es vocablo fabricado por una raza que ha hecho esfuerzos muy sistemáticos por el derecho, y por eso no contiene la idea de deber. En su acepción usual, no pasa de referirse a la propiedad de lo fundado en ley. Por eso parecerá forzar el idioma el extraer de esa palabra una idea que no ha imbuido en él la familia de hombres que lo habla. Sin embargo, la idea de deber cabe en la de propiedad de lo legal, puesto que hay uso y empleo de ella en una esfera de la vida pública, y puesto que ese uso o empleo puede hacerse de un modo regular y conciliando el acto con su razón o su motivo. Cuando hace esto último el magistrado, cumple con un deber y sabe que lo ha cumplido.

Pues es necesario que ese deber se extiende a la universalidad de los asociados y se practique por todos ellos, para que el hábito de cumplir la ley de exigir que se cumpla y de contribuir a que se establezca normalmente un orden de ley, concluya por producir en el municipio la unión que ha de servir de tipo a las sociedades superiores que en él se cimentan.

La integridad es el deber de invertir con puntualidad, y con arreglo a los medios y al propósito, los recursos de que se puede disponer, ya sean individuales, ya domésticos, ya municipales, ya provinciales, ya nacionales, ya de asociaciones particulares, ya de asociaciones internacionales. Es, además, cumplimiento de los compromisos contraídos, ya por el hombre, ya por cualquiera grupo de la jerarquía social.

Es un deber correlativo del de cooperación, y, como todos los demás deberes complementarios, aplicable y trascendente a la moralidad de todos los grupos. Si lo colocamos en el provincial, y como afecto al deber de cooperación, es porque efectivamente concurre de un modo inmediato, en toda obra de cooperación, al éxito de ella.

La cooperación, considerada como deber, no es la ciega tarea de los esfuerzos económicos que indirectamente dan por resultado un beneficio social, ni aun el conjunto de actos previstos y preparados que dan a los obreros de Rochdale un instrumento económico de primera fuerza: incluye el proceder de una y otra, pero es además el conjunto de actividades combinadas ordenadamente, por la acción del deber, para obtener el aumento de vida provincial. Pues bien, esa obra no puede llevarse a cabo si los que en ella toman parte no tienen una disposición continua a cumplir todos los compromisos que contraen, empezando por los más elevados, los morales, y concluyendo por los más bajos, los económicos, que no por menos elevados dejan de importar, infinitamente, tanto para el éxito material cuanto para el moral de la cooperación.

Por eficaz que de suyo sea la abnegación, y por mucho que pueda servir de sólido cimiento a la moral social, nunca cumple de una manera tan orgánica su función de completar en la patria la obra de sacrificio y solidaridad, de unión y de legalidad, de cooperación y de integridad que han estado llevando a cabo los grupos inferiores, como cuando la completan la magnanimidad, que es el deber que el Estado, operando como persona internacional o como representante de la soberanía inmanente, ha de cumplir en todos los conflictos sociales ya sean de derecho interno o de derecho externo, ya de deberes manifiestos, ya de deberes indecisos.

La tolerancia es uno de los deberes más extensos a que estamos llamados en el concierto de la vida colectiva. Con nosotros mismos, en las abstrusas relaciones del ser consigo mismo; en el seno del hogar, en la vida vecinal, en las relaciones provinciales, en la actividad nacional, en la expansión del hombre de un lugar al hombre de la especie, como creyentes, como religionarios, como partidarios, como doctrinarios de una doctrina científica o moral, pensando, hablando, oyendo, leyendo, juzgando, de todos modos y a toda hora podemos, como debemos, ser tolerantes.

Toda la vida de relación está pendiente de ese deber; toda la historia es un gemido por no haberse cumplido ese deber; toda la impotencia jurídica de la raza latina ha dependido y depende del no cumplimiento de ese deber; toda la potencia desarrollada por la raza sajona desde la Reforma acá, se explica por el cumplimiento de ese deber. Gracias a él se ha hecho patria de todos los hombres de la tierra el pueblo que mejor lo cumple. Gracias a ese deber se ha comprendido por los demás pueblos de la tierra que el cosmopolitismo es un deber. El cosmopolitismo sin la tolerancia es dos veces imposible: una vez, porque las sociedades que no saben tolerar no pueden hospedar a los extraños que, por extraños, lo son a sus usos, costumbres, prácticas, acaso ritos, quizá dogmas, tal vez cultos y probablemente a sus doctrinas políticas, económicas y sociales; otra vez es imposible el cosmopolitismo sin la tolerancia, porque el que busca patria ajena sin empezar por apropiársela moral y mentalmente, tolerando sus irracionalidades, sus torpezas morales y mentales, su atraso, su pobreza, su estolidez moral, su hipocresía o su fanatismo, su desorganización o su organización violenta, no es cosmopolita. Si lo son los sentimientos, si lo es la voluntad, si lo es la razón, si la conciencia lo es, a la virtud que tiene la tolerancia, impuesta y cumplida como deber, toca el mérito del beneficio. Mientras los sentimientos no se toleran por deber; mientras la voluntad no es tolerante por deber; mientras la razón no impone y cumple el deber de tolerar; mientras la conciencia no cohíbe a todas las fuerzas de que dispone a que se cumpla el deber de tolerar, la patria humana, el mundo considerado como patria de todos los hombres, es mentira, alucinación, sensiblería, romanticismo, pero no una realidad. Para que haya cosmopolitismo, ha de haberse fundado en el cumplimiento consuetudinario de deber de tolerancia.

En la relación de derecho, los deberes complementarios se correlacionan a los primarios, de los cuales se generan, de modo que sirvan para hacerlos más efectivos en el ejercicio de los derechos que, juntos, han de vivificar.

La prudencia, la equidad, la firmeza, la justificación, la imparcialidad elevan de menos a más, en este grupo de relaciones y deberes, el sentimiento, la voluntad y la idea de la justicia, núcleo del derecho y fin de la conciencia. Auxiliando la prudencia a la familia, la equidad al municipio, la firmeza a la provincia, la justificación a la nación, la imparcialidad al hombre universal, cada uno de esos deberes y todos ellos juntos completan y perfeccionan la obra que en la realización del derecho aprenden a hacer los niños, cumpliendo el deber de educarse en el hogar; los párvulos, cumpliendo con el deber de asistir a la escuela fundamental; los adolescentes y los jóvenes, cumpliendo con el deber de buscar y recibir la educación profesional; los jóvenes y hombres, completando en la Universidad el desarrollo de razón; la humanidad de un tiempo, completando el desarrollo posible de la conciencia en el examen, espectáculo y ejemplo de la civilización universal.

Como en todos los grupos anteriores, el deber genérico no es perfecto sin auxilio del deber que ha generado: sin prudencia, la educación del hogar es imperfecta; sin equidad, la educación a que ha de proveer el municipio es un deber fallido; sin firmeza, las profesiones, carreras y actividades que ha de franquear a sus hijos la provincia, estarían a merced de planes inadecuados o de rapacidades que es necesario contener; sin justificación, la Universidad será privilegio de cuna, capital, preocupaciones religiosas, prejuicios científicos, errores corporados, reacciones y retrogradaciones disfrazadas de ciencia y de progreso; sin imparcialidad, no hay justicia; sin justicia, no hay conciencia; sin conciencia, no hay moral; sin moral, no hay verdadera civilización; luego, sin cumplir el deber de ser imparcial, no se puede cumplir el deber de civilizarse.

Pero además de la prudencia que ha de tener la familia en la educación que debe dar; además de la equidad que ha de desplegar el municipio en el cumplimiento de su deber de fundar la escuela en la ciencia; además de la firmeza que ha de mostrar la provincia para defender contra ejecutivos rapaces o contra legisladores insensatos las rentas y el plan de los estudios que le están encomendados para concurrir a la difusión del derecho práctico y teórico; además de la justificación que se pide al Estado para que cumpla el fin de la Universidad por el fin mismo, y no por prejuicios, preocupaciones, designios, parcialidad o fuerza capaz de contener el último desarrollo de la razón; además de la imparcialidad que se pide a los hombres de una época para que juzguen con justicia la civilización a que contribuyen y las que usufructúan, hay un deber de prudencia, un deber de equidad, un deber de firmeza, un deber de justificación, un deber de imparcialidad que tocan inmediatamente a los educados para el ejercicio del derecho por el hogar y por demás grupos sociales.

La prudencia, como virtud, ha servido de poco a la moral. Es la virtud más rara, aunque hay pocas virtudes, tan capaces como ella, de desarrollar fuerzas sociales. Cuando no hace meticulosos, hace pusilánimes. Y claro que esos son hijos del miedo, no de la prudencia. Hijos del miedo, no porque una parte de prudencia no entre en él, sino porque la parte de prudencia que entra no sirve, como serviría, si obrara como debe la prudencia, para corregir lo que el instinto de conservación tiene de ciego, y, por lo tanto, de miedoso, con lo que tiene de previsor, y, por lo tanto, de enérgico y tranquilo.

Educados los niños en el ejercicio del deber de ser prudentes, recorrerían con la misma serenidad y con el mismo dominio de sí mismos y de los accidentes de la vida, toda la escala social, y en toda ella, armados de su derecho, educados para ejercitarlo, prontos siempre a defenderlo en lo suyos, en sí mismos, en todo, en todos, cada nuevo grado de racionalidad a que ascendieran sería un grado efectivo de la conciencia, y cada conciencia educada en el deber aumentaría la fuerza moral de la sociedad. El niño como debe ser daría al hombre que debe ser.

Hoy no se enseña el deber que no se practica, y las que empiezan por ser imprudencias de la conciencia y la ignorancia, concluyen por ser premeditaciones siniestras de la vanidad, la jactancia, la arrogancia, el egoísmo, la ambición, la codicia, el fanatismo, la vanagloria y la criminalidad hereditaria.

Por eso es tan incompleto, aun en el raro caso de que la familia cumpla precisamente con su deber de educación doméstica, el fruto que de este deber primario obtiene la familia.

El que de su deber genérico de educación fundamental obtiene el municipio no es más completo. La equidad no es tampoco un deber para la moral contemporánea, y el educador no la enseña sino como sentimiento virtuoso. Por cada equitativo hay noventa y nueve niños, adolescentes, jóvenes y hombres que, en todas sus relaciones, ponen de tasador a su egoísmo.

Es una torpeza. La equidad, como la prudencia, es un deber de razón: cuanto más y mejor educada la razón, mejor lo ve, mejor lo comprende, mejor se inclina a proponerlo a la conciencia y a doblegar con él la voluntad rehacía. Íntimamente, como la prudencia, relacionada con el derecho, e inmediatamente ligada al deber de conocer fundamentalmente las realidades naturales, la equidad puede y ha de fomentar en la conciencia infantil el deber que, en todas las relaciones de la vida, hace amable y fuerte en su derecho al que, por conocer el suyo, respeta profundamente el ajeno. La firmeza no es, como la vida práctica traduce, ni terquedad, ni obstinación. Es un deber originado por un nuevo desarrollo de razón, y no puede ser necedad ni sinrazón. Cuando las regiones cumplen con su deber de educación técnica y politécnica, como sucede en los Estados federados de la Unión

Americana, la firmeza en el derecho es tan inconmovible que ni siquiera se concibe la posibilidad de conmoverlo.

Una vasta cultura de razón, no ya con un fin social cualquiera, sino con el fin humano de favorecer el acceso del conocimiento a las verdades más complejas, no es deber que puede en la actualidad cumplir el Estado nacional, porque la universidad de tradición que existe hoy no es más que un centro de conocimientos profesionales que sirve, sin duda, para ejercitar la razón, pero que solo sirve para ejercitarla en la adquisición de nociones parciales, no de la serie total de nociones que, independientes de la limitación en que las encierran los estudios profesionales, muestra el examen de la naturaleza a la razón que solo pide ejercicio desinteresado de sus fuerzas.

Aquel altísimo sentimiento de justicia, que es, con el amor de lo bello, de lo bueno y de lo verdadero, la razón de la dignidad humana, solo por vocación espontanea de las grandes almas se desarrolla en las que efectivamente son grandes. Uno de los motivos por que no se desarrolla en toda alma humana, es porque el deber de ser justas en todo y con todas no se ejercita ni se enseña a ejercitar por medio de vastos desenvolvimientos de fuerza intelectiva. Uno de los signos de civilización que muestra el siglo actual es la tendencia común de los hombres a reconocer la realidad de los hechos, a confesar las verdades que alcanzan, a justipreciar las acciones humanas por sus móviles, a incluir en su juicio de hombres y cosas, ya como realce de méritos, ya como dirimentes de culpas y faltas, la coacción de medios y circunstancias contrariantes.

Eso es, a no dudarlo, una prueba del aumento de imparcialidad; y a no dudarlo, resulta del aumento de razón colectiva de que la civilización es prueba evidente. Pero de esa imparcialidad racional a la imparcialidad moral que actúa como deber para favorecer y completar el deber de civilización en que está cada hombre y todo el hombre de la historia, hay la misma distancia que hay entre la civilización indiferente a la moral que conocemos y la civilización deferente a la moral, fundada en la moral, que conocerán los hombres cuando hayan llegado a aquel desarrollo de conciencia en que la imparcialidad no sea una cualidad privativa del historiador, ni un medio inmoral, como el de que hoy hacemos uso, para cohonestar vicios poderosos o brillantes con virtudes o esfuerzos o méritos secretos, sino un deber que se cumpla tranquila y sosegadamente como tributo de la justicia a la verdad y de la conciencia a la razón.

Segunda parte. La moral y las actividades de la vida

Capítulo XXIV. Enlace de la moral con el derecho positivo

Patentizados ya en la relación de derecho los deberes colectivos e individuales que se deducen espontáneamente de ella, quizá parecerá superabundante la materia de este capítulo. No lo es.

En primer lugar, el derecho, par su nativa virtualidad orgánica, trasciende tan hondamente a la actividad general de la vida humana, que la mejora y, por tanto, la perfecciona si se ejercita; que la malea y, por tanto, la corrompe si no es ejercitado. Así considerado, sangre, quilo, protoplasma, el derecho es un elemento activo de moralidad.

En segundo lugar, el órgano del derecho es la conciencia, y sin violentar el lenguaje figurado, se puede afirmar que es, como el deber, una función de la conciencia. Así considerado, se desarrolla con ella y es condición del desarrollo de su mismo órgano: a más conciencia, más derecho; a más actividad del derecho, más vida en la conciencia. Ahora, como la conciencia es el más alto órgano de la personalidad humana, siendo por eso la más elevada expresión de humanidad, es por sí misma un exponente del esfuerzo hecho para elevarse, y de la evolución consumada por individuo y sociedad para realizar su desarrollo. Función de la conciencia, el derecho se presenta entonces como una actividad evolutiva que ha de proceder, como toda evolución, de antecedente a consecuente, de efecto causado a efecto causal, de idea a principio, de inducción a deducción, de elemento orgánico a cuerpo organizado. Para llegar al estado de conciencia en que el derecho es una función nunca cohibida o reflexivamente favorecida, individuos y sociedades han de haber llegado también a aquella tan puntual concepción del deber y costumbre del deber en que esta suprema función del ser consciente subordina y ordena nuestra vida toda. De este modo, el desarrollo del derecho es coeficiente del desarrollo del deber; y en este sentido el derecho está con tan estrecho lazo enlazado a la moral, que ésta, por la intrínseca fuerza de las cosas, será y es más eficaz, más progresiva, más positiva, más elevada, más humana, cuanto más coadyuve el derecho al desarrollo de la ciencia y a la práctica de los deberes.

Elemento de moral y motivo de moralidad, el derecho concurre a la noción del bien como a la práctica del bien; pero es necesario que concurra deliberadamente al progreso del bien social e individual. Para conseguirlo, es necesario que el derecho positivo (extendiendo esta denominación al administrativo, al constituyente y al internacional) se infunda en la idea de su trascendencia sobre la vida moral de la sociedad, de modo que el legislador legisle con la evidencia de que, fundar el derecho o desenvolverlo, es contribuir a fundar y desarrollar vigorosas ideas y costumbres de moral.

Se objetará con razón que siendo progresivo o evolutivo, el derecho no puede mejorarse por arte y ciencia del legislador; pero se salva la objeción pensando que también es progresiva y evolutiva la moral a que está enlazado por su origen y órgano común, que es la conciencia. Si la una progresa, el otro la seguirá en su progreso; y recíprocamente, si el derecho progresa, con él progresará la moral. Esta no es una simple verdad de inducción, que también lo es de experimentación. Basta ver en sus efectos históricos el desarrollo repentino del derecho civil, en Francia, a consecuencia de las reformas revolucionarias del siglo XVIII, el impulso pasmoso dado por los constituyentes angloamericanos al derecho político, la verdadera transformación del derecho penal iniciado teóricamente por Beccaria y Bentham y secundada en la práctica por Filadelfia y Nueva York, primero, por todo el mundo, después para ver cuán positiva es la acción del derecho positivo sobre la moral social y sobre la moralidad individual. El mismo derecho de gentes, no obstante lo informe, no obstante lo estacionario que lo hace el privilegio de modificarlo y alterarlo que aún conservan las llamadas grandes potencias, atestigua la influencia del derecho en la moral, mostrando con su actual incapacidad para regir y moderar la primacía de la fuerza bruta internacional, la inmoral iniquidad de esas naciones, cuya torpe grandeza se reduce a amenazarse los iguales, a imponerse por la fuerza los superiores a los inferiores.

En la vida internacional, como en la nacional y en la privada, el espectáculo de la inmoralidad concluye por ser agente de moral, y no es dudoso que así como el aumento de racionalidad ha hecho de los tratados particulares entre naciones una verdadera ley que las liga positivamente mientras rige; que así como el aumento de necesidades y experiencias ha empezado a hacer de las convenciones y congresos internacionales una fuente de jurisprudencia; que así como el desarrollo de la filantropía reflexiva ha hecho necesarios los tratados de extradición y el derecho de ambulancias; que así como el progreso de la moral universal trata de infundirse en el principio de arbitraje, así el progreso del derecho público y privado de gentes coadyuva al de la moral y al de la moralidad internacional. Urge que así sea. Cuando fatigados de la lucha con la inmoralidad privada, los hombres de bien recorren con avidez los grupos de sociabilidad en que sucesivamente, y de un modo cada vez más complejo, se va realizando el vivir humano, y en todas partes lo ven contaminado de los mismos instintos y pasiones, y al llegar a la sociedad internacional esperan que, por ser ella más extensa, se habrá debilitado el egoísmo, y en vez de encontrarlo más débil, lo encuentran más robusto, porque el egoísmo nacional es un monstruo sin sensibilidad ni razón ni responsabilidad que devora sin remordimiento ni piedad la vida de millares, los bienes de millones, la industria de los siglos, los ahorros de la humanidad, las esperanzas de mañana, la fe de hoy, la caridad de ayer, no pueden tener ya confianza en el bien que los dirige. Y ese continuará siendo el espectáculo que les dé la vida de relación de las naciones, mientras el derecho internacional positivo siga careciendo de la fuerza moral que no puede tener cuando, como ya ha sucedido tres veces en este siglo de las luces y en el seno de la civilización occidental, basta que la guerra, la perversidad o la venganza corone a un ambicioso o supedite a un pueblo o haga victoriosa una raza, para que el mundo entero absuelva la victoria, por inicua que haya sido, y se postre ante los hechos consumados por el mal con más devoción de la que tiene para los hechos realizados por el bien.

Al par de ese espectáculo desconsolador, el siglo nos da el estimulante espectáculo del progreso jurídico sirviendo en lo civil, en lo política y en lo criminal a la mejora y moralización de muchas esferas de actividad individual y colectiva; pero en todos esos progresos parciales faltan la convicción de contribuir al bien por medio del derecho, y el propósito de perfeccionar la moral pública perfeccionando el derecho positivo.

Si en vez de atemperarse en las reformas civiles a las tradiciones del derecho romano o del derecho bárbaro, se atendiera a las relaciones naturales del derecho, y se instituyera la familia y la propiedad con arreglo a sus relaciones naturales y a su propia finalidad social, el derecho civil sería mucho más efectivo auxiliar de la moral práctica y teórica.

Si en vez de atenerse en la enmienda de las constituciones políticas o en la fundación de sociedades jurídicas sobre un pacto constitucional, a los consejos de propósitos parciales, se atuvieran los constituyentes al propósito de concurrir al bien social, esforzándose con firme esfuerzo por asegurar el desarrollo de la iniciativa individual y social por medio de un reconocimiento incondicional de la autonomía de los individuos, los municipios, las regiones y la nación, no se favorecería el creciente desarrollo de inmoralidad que origina la burla frecuente de las leyes fundamentales.

Si en vez de fundar en deducciones convencionales la noción de pena, se estableciera sin vacilar en su inducción legítima, y sobre esa inducción se fabricara una teoría racional del derecho de penar, y de la teoría se derivaran las instituciones penales que tan fácil, tan útil, tan honroso y tan beneficioso sería derivar, el enlace de la moral con el derecho positivo sería manifiesto, porque el derecho penal es tanto una rama de la moral como de la jurisprudencia. Pero ninguno de esos servicios a la moral puede hacerse sin generalizar el cumplimiento de los deberes afectos al ejercicio del derecho y sin divulgar teórica y prácticamente la idea exacta, verdadera, persuasiva y convincente de la íntima correlación entre la moral y el derecho positivo.

Capítulo XXV. Enlace de la moral con la política

No hablemos de la política teórica: le basta ser una rama del derecho para estar ligada a la moral: ya lo hemos visto. Hablamos de la política activa, del continuo aplicar el derecho a las formas del vivir social, del continuo ludir de poderes con derechos en la lucha continua por el poder.

La ineficacia de la moral en la política se ha convertido en regla de conducta universal. En los países poderosos y en los débiles, en las viejas nacionalidades y en las naciones recién nacidas, cuando el Estado está fundado en tradiciones, lo mismo que cuando es guiado por el derecho; si el objetivo de la política nacional es la prepotencia internacional, o si la insuficiencia de medios y recursos reduce la política a querellas de caudillos, en todas partes está la política tan divorciada de la moral, que es una prueba de incapacidad política el mostrarse inclinado a ser moral.

A excepción, en Europa, de aquellos países en los cuales la adherencia de los grupos sociales es por sí sola una fuerza moralizadora, en todas las demás es necesariamente corrompida y corruptora la administración pública.

A excepción, en América, de aquellas sociedades fundadas en la tradición jurídica de los anglosajones, y de dos o tres de origen latino que han reaccionado vehementemente contra la desorganización del coloniaje, las restantes son organismos corroídos.

En todas partes, además de la grosera sugestión del egoísmo que establece entre la moralidad pública y la privada la independencia que le conviene, operan las mismas causas: de una parte, el poder absorbente del Estado unitario; de otra, la insuficiencia jurídica de la organización social.

El Estado unitario es corruptor de nacimiento. Todo Estado unitario, en cualquier tiempo, espacio y forma de gobierno, es siempre personal: el Estado es el jefe del Estado. Y como absorbe la iniciativa de los organismos provinciales y municipales, sustituye con la ley de su voluntad la autonomía de esas sociedades: de aquí la desorganización, y de ésta la corrupción. Dispone de la fuerza pública, y con ella corrompe por miedo o por soborno. Dispone de todos los empleos, y con ellos corrompe por soborno o por miedo.

El derecho entra a veces por tan poco, y la tradición semifeudal entra por tanto en la organización social, que, no obstante la revolución francesa, una inmensa porción de tierra europea, en vez de ser propiedad del trabajo, lo es del ocio, y una considerable porción de los beneficios del trabajo va a manos del capital voraz, en vez de ir a mejorar la vida del trabajador. De aquí la guerra económica que se exaspera en proporción a la indiferencia, la torpeza o las provocaciones del Estado, representado por satisfechos, por imprevisores o por tímidos que, lejos de afrontar con el derecho el problema social, lo que sería empezar a resolverlo, se esfuerzan en eludirlo y aplazarlo, lo cual es aumentar las causas de inmoralidad que frecuentemente se manifiestan en explosiones criminales de los que exigen, y en criminales represiones de los que se niegan a las exigencias del proletariado.

Verdad es que, al par del espectáculo inmoral de los políticos, ofrece Europa el espectáculo de los economistas y de los sociólogos, que, secundados por capitalistas y fabricantes inteligentes o por filántropos y por asociaciones generosas, proponen planes fundados en ciencia y experiencia, o aplauden los experimentos de Rochdale, Mullhouse, Berlín, y convergen, con los bien intencionados, al orden y a la moral.

Pero como no pueden bastar para contrarrestar la influencia maligna de los instintos, pasiones, envidias y furores, las predicaciones de los pensadores, las tentativas de cooperación industrial y comercial, la construcción de casas, de barrios y de ciudades para obreros y la participación concedida a algunos en las ganancias a que contribuyen como primer agente de producción, el estado moral de las sociedades en donde la propiedad no es del trabajo, y en donde el fruto del trabajo no es proporcional, para el trabajador, al esfuerzo que hace y al beneficio que produce, es necesariamente disolvente. No todos los estadistas europeos se guían por la inmoral indiferencia que distingue entre la moralidad privada y la pública; pero los estadistas verdaderos son tan pocos en el mundo, que actualmente no hay en Europa más que uno, y no es Bismark. En cambio son muchos los que, como este funesto afortunado, no ven en la política más que el arte de utilizar el poder contra el derecho, y como de esos es el formar escuela, cuanto más triunfan ellos, más triunfante se muestra la doctrina que divorcia de la moral a la política.

Es claro: si los dos Napoleones no necesitaron de ninguna moral para tener a sus pies a toda Europa; si Alemania, para ser una, no hubo menester de un justo, y con un simple artero le bastó para imponer su voluntad a Europa, nada tiene que ver la moral con la política.

Nada tiene que ver a los ojos de los deslumbrados por esos ejemplos en Europa; nada tiene que ver a los ojos de los que en América ven con admiración que el personalismo cínico hace poderosos y potentados a ridículos imitadores de esos modelos repulsivos, pero a los ojos del que ve la realidad se presenta como evidente la relación que enlaza a la moral con la política.

La realidad es que siendo el arte político un derivado de las ciencias que tienen por objeto el estudio del orden social y del orden jurídico, que directamente se basan en el orden moral, el arte tiene que buscar sus reglas en donde buscan sus leyes las ciencias de que emana. Y no hay más que decir: con eso basta. Solo a ignorantes absolutos o a consumados hipócritas ha podido ocurrir la idea de separar lo que es inseparable por naturaleza, y de quitar, al arte de ponderar el poder con el derecho, la dignidad que le da su origen. Política sin moral, es indignidad: cualquier juego de azar, siendo tan indigno como es el juego, es más digno que la política divorciada de la moral, porque, al menos, en sus lances repugnantes no aventura más moralidad que la del jugador y sus cómplices. Pero el político inmoral aventura con su ejemplo la moralidad pública y privada de su patria.

Faltando a todos sus deberes los que usufructúan el poder, faltan al suyo cuantos tienen alguna dependencia del Estado, y la sociedad, que es víctima de esas faltas, empieza a cometerlas para vengarse y resguardarse, y concluye por cometerlas por la costumbre adquirida de incurrir en ellas. Así es como, poco a poco, y sin pensarlo, ni quererlo, ni sentirlo, van los pueblos, guiados por la política indiferente a la moral, perdiendo una por una sus virtudes, sus cualidades y su carácter; así es como las familias van en ellas, perdiendo, sin notarlo, la dignidad de su fin social, la afinidad de sus elementos, la pureza de sus costumbres, la grandeza de su institución; así es como los individuos van, sin advertirlo, perdiendo el decoro, la dignidad, la veracidad, la firmeza, la lealtad, y convirtiéndose en momias semovientes que engañan hasta con el aparato de una personalidad y de una vida que no tienen.

Capítulo XXVI. La moral social y las profesiones

Una vez, una madre de las que en la América Latina pueden, por la ternura, servir de modelo a cualesquiera madres, decía, refiriéndose a uno de sus pequeñuelos:

—«Y éste será sacerdote.»

—«Si tiene esa vocación, enhorabuena», dijo su marido.

—«Y aunque no la tenga: el sacerdote no tiene que luchar tanto con la vida como otros.»

—«Es un error: en la vida, todos son sacerdocios, y todos imponen deberes costosos.»

—«Pero el sacerdote tiene siempre el pan a la mano.»

—«Pero no siempre lo tiene a la conciencia.»

—«¿Qué quieres decir?»

—«Que no siempre es tan fácil para la conciencia el acercarse al pan que se toma fácilmente con la mano.»

—«¿Por qué?»

—«Porque el pan se digiere solamente en el estómago.»

—«¿Pues acaso hay algún otro aparato digestivo?»

—«Varios: la razón, que juzga de nuestro modo de ganar el pan, es uno; la voluntad, que a veces se resiste a determinados modos de ganar el pan, es otro; la conciencia, que aprueba o condena los modos de subsistencia que se adoptan, otro.»

—«Y el sacerdocio eclesiástico ¿es uno de esos modos de ganar la vida que la razón juzga mal, que la voluntad resiste y que la conciencia condena?»

—«Si lo adopta la vocación, no; cuando lo adopta el egoísmo cauteloso e inmoral, sí.»

—«Y ¿por qué?»

—«Por lo mismo que es inmoral hacerse abogado o médico, o maestro o periodista, o comerciante o peluquero, sin más mira que la de ganar el pan.»

—«Pero aun así, cuando el objeto es evitar los vicios de la ociosidad y la deshonra del vicio...»

—«Menos malo, en efecto, pero es malo.»

—«Pero si así se hace un bien a la familia...»

—«A la verdadera familia no se le puede hacer un bien que sea un mal para la sociedad.»

—«Y ¿por qué es un mal para la sociedad el seguir sin vocación una carrera?»

—«Porque todo oficio, carrera, profesión o función social requiere un número determinado de deberes, que se cumplen tanto menos cuanto mayor es la repugnancia con que los reconocemos, y toda vocación extraviada impone deberes repugnados.»

—«Pero eso, en último caso, será un mal para el extraviado de su vocación.»

—«Para él, para la familia, para sus convecinos, para sus comarcanos, para su patria y para la humanidad entera.»

—«¿Cómo así?»

—«Porque lo que la sociedad humana quiere y requiere de sus miembros es que coadyuven al orden social, y para eso hay que cumplir con su deber; y para que el cumplimiento del deber sea general, hay que hacer del deber una causa y origen de felicidad.»

El mismo movimiento de cabeza que hizo para meditar la tierna madre, lo hacen para protestar los millares de padres a quienes intentan la razón y la moral desviar del torpe empeño de hacer que sus hijos sean en sociedad lo que a ellos conviene, no lo que al orden social a que es deber y conveniencia de todos concurrir. A no dudarlo, la competencia de los servicios es demasiado activa en el mundo, y todavía demasiado primitiva la organización social, para que pueda exigirse a la moralidad privada el sacrificio de los medios de subsistencia individual y de familia por *simples escrúpulos* de conciencia. Pero también, a no dudarlo, es cínica la inmoralidad con que se adoptan profesiones y oficios sin consideración, antes con absoluto menosprecio, de los deberes que imponen las funciones sociales.

Si se adoptara el procedimiento de la estricta honradez, que aprende lo que no sabe para hacerlo bien, o que vence las repugnancias que impone una función inapropiada para desempeñarla con sujeción a los deberes inherentes a ella, menos mal. Pero universidades, academias, institutos, seminarios, colegiatas, catedrales, parroquias, fábricas, almacenes, barcos, naves de guerra, arsenales, astilleros, aduanas, bancos, contadurías, receptorías, solios, sitiales y curules están llenos de favoritos de la herencia o la fortuna, de desesperados o de desocupados que hacen en la colmena social la competencia privilegiada a los hijos de su trabajo, de su esfuerzo, de su deber y de sus méritos. Aun en las mismas relaciones industriales que, en fuerza de la ley natural de los servicios, se rigen generalmente por la oferta y la demanda, aún ahí compite con la vocación la ineptitud, y con el deber cumplido, la burla del deber no conocido o no aceptado.

El desorden que resulta del falseamiento de las vocaciones, no puede ser más inmoral. Malea al individuo, porque o le infunde una anárquica confianza en su idea, si ésta triunfa, o una pusilanimidad, si fracasa, que corrompe el carácter; malea a la familia, porque la hace aceptar la subsistencia, no del trabajo fecundo para la sociedad, sino del exclusivamente ventajoso para la institución doméstica; malea a las sociedades particulares, porque la alteración del orden en las funciones sociales es una alteración del orden moral; malea a la humanidad de una época, porque la priva de los beneficios que debiera esperar de la aplicación de grandes vocaciones individuales a la múltiple actividad de la vida.

Entre las varias causas que convergen a ese desorden, no es la menor la vanidad insana, ni la mayor es la falta de recursos de existencia: necesidades, instintos y pasiones, a veces hasta la misma honradez, que es el deseo ideal de cumplir con el deber, concurren a la inmoralidad que resulta del abandono o del extravío de las vocaciones. Pero ninguna causa más inmediata de ese mal que la usual reserva de las funciones del poder temporal y del espiritual, hecha en favor, no de méritos adecuados a esas funciones, sino de intereses momentáneos de grupos particulares del Estado o de la Iglesia.

Así es como el mal ejemplo que se da en la provisión o en el desempeño de las funciones sociales más trascendentales, se insinúa en el cuerpo y en el alma de la sociedad entera, y así es como, sirviendo todos para todo, nadie sirve para nada.

El objetivo es parecer, no ser; el propósito, tener, no hacer. De ahí, especialmente en los países de origen autocrático, la manía, la verdadera manía de los empleos públicos y la universal preferencia de las llamadas profesiones liberales, como si éstas fueran la vocación natural y como si las profesiones industriales fueran incapaces de despertar en la juventud de nuestros pueblos la fructuosa vocación que ha formado a los Palissy y a los Jacquard, a los Franklin y a los Fulton, a los Watt y a los Stephenson, a los Morse, a los Edison, a los Bell, a los mil, a la legión de bienhechores que, centuplicando las fuerzas de la industria, han multiplicado los goces legítimos de la vida civilizada.

Es cierto que la actividad industrial no exime de tendencias viciosas a las sociedades que de un modo más poderoso la despliegan: la pasión del dinero, que estrecha los linderos de la vida social; la embriaguez, que seca en su fuente el sentimiento de la dignidad humana; el egoísmo frío, que congela la sensibilidad individual y colectiva, parecen fatalidades inevitables en el cumplimiento, cuando es muy extenso, de las vocaciones económicas. Pero la pasión del dinero, la embriaguez, el egoísmo insensible, ¿no son tendencias también de las sociedades inactivas o en donde la vocación social parece limitada al ejercicio de las funciones políticas, literarias y eclesiásticas? ¿Hay endineramiento más repugnante, alcoholismo más general, sensualidad más perversa, egoísmo más seco que los que chocan y contrastan con la apariencia espiritualista de las sociedades ociosas y letradas? ¿En dónde ha degenerado en farsa más horrible la administración de justicia; en dónde es burla más descarada la profesión de principios religiosos; en dónde ociosidad más perniciosa el empleo público; en dónde periodismo más innoble, o más estúpido; en dónde casta de literatos más estólida y más refractaria; en dónde la curia es más artera; en dónde más venenoso áspid el abogado; en dónde esfinge más siniestra el médico; en dónde es menos brazo armado de su patria el militar; en dónde la civilización más corrompida; en dónde más corruptor el progreso material; en dónde sociedades más hondamente inmorales que las de allende y aquende los mares, en que el prevalecimiento de las profesiones liberales demuestra el descarrío de las vocaciones, la anteposición del interés a la vocación, el ejercicio de la actividad mental o muscular por lo que da, no por el bien que puede hacer?

Nuestro siglo no es peor que otro siglo; al contrario, puesto que tiene más conciencia del mal hecho o del bien que ha dejado de hacer. Mas no por eso es digno de la indiscreta admiración que nos inspira. Los tres hechos esenciales de él aplicación metódica de la ciencia al aumento de vida, aumento de razón, aumento de conciencia pudieran y debieran dar por fruto una más ordenada aplicación del deber a las manifestaciones de la vida. No la ha dado. El ejercicio de las funciones industriales e intelectuales, la mala distribución de vocaciones, el pésimo uso de los poderes temporales y espirituales de la sociedad demuestran la incompetencia general de los funcionarios, lo cual demuestra a su vez el olvido general del deber.

Sociedad en donde éste sea universalmente cumplido, no existirá jamás, porque nunca llegará una porción cualquiera de humanidad a aquel desarrollo de razón y de conciencia en que el conocimiento de las relaciones y de los deberes en ellas incluidos sea tan íntimo y tan claro, que oscurezca los instintos, las pasiones, los deseos, los errores y los extravíos de vocación que se oponen al cumplimiento constante del deber. No es eso lo que se pide; no es eso lo que insensatamente pretende la moral social. Pretende ella, pide el sentido común, que pues hemos llegado a la sociedad industrial en que la vida toda del ser social puede considerarse como una industria, tanto vale decir como una actividad moral, mental o muscular, en busca de un producto; y que pues el producto material se obtiene por trabajadores de la materia que, para manipularla, manufacturarla y transformarla, tienen que cumplir con el deber de trabajar, los productos espirituales y mentales se obtengan por quienes tengan vocación para obtenerlos, cumpliendo con los deberes que imponen el trabajo espiritual y el mental, sin desviarse de su vocación, por infructífera, ni buscarla por fructuosa.

Aun eso mismo sería demasiado pretender dentro de una constitución económica como la de la sociedad contemporánea, en la que felizmente rige una ley natural de economía, en la que casi no hay ya vestigios de la agremiación y en la que va siendo un hecho la libertad de profesiones. Que se viole la ley de economía social, que se obste a dos verdaderos adelantos, uno social y otro político, sería insensato pedir: tanto más insensato, cuanto que la moral, progresiva como es, no puede obstar de ningún modo a ningún progreso concreto, y mucho menos a una ley de la naturaleza. Cuando clama contra el abuso de las aptitudes, ni desconoce la posibilidad excepcional de que haya individuos, o tan bien dotados, o tan bien educados, que puedan desempeñar funciones varias según varían sus circunstancias, ni mucho menos desconoce la capacidad que el deber tiene de hacer apto a quien para

una dada profesión no nació apto. De acuerdo con el procedimiento inductivo de la ciencia de que es rama, la moral social encuentra establecido aún un
hecho, el falseamiento de las vocaciones y el universal desarrollo de las actividades individuales, no en el sentido y dirección de su objeto propio, sino en
el de intereses preconcebidos, y declara que es un mal. Del hecho se eleva a
su motivo, y viendo que es la inmoral tendencia de la familia y del individuo a
usar de las ventajas sociales, no tanto en provecho común de la sociedad, de
la familia y del individuo cuanto en provecho exclusivo del individuo y la familia, afirma que el remedio de ese mal y la curación de esa inmoralidad está
en el orden natural de las cosas; que el orden natural de las cosas es que se
cultiven con profundo respeto las vocaciones naturales; que esas vocaciones
se distribuyan normalmente según la distribución natural del trabajo social;
que así se regulan las competencias, se esfuerzan las aptitudes, se acelera
el desarrollo o adelanto o progreso de las profesiones y de los fines de vida
social a que se refieren, y que así se armonizan y equilibran, en cuanto es
posible producir ese equilibrio y armonía, lo que se llama progreso material y
lo que es desarrollo moral de las sociedades.

Capítulo XXVII. La moral y la escuela

Las profesiones espirituales, como podemos llamar a las que más directamente se relacionan con el gobierno o dirección espiritual de las sociedades, son las peor desempeñadas. La razón es obvia: reclaman una vocación más decidida y una noción y cumplimiento del deber mucho más austeros que cualesquiera otras funciones, y es claro que si la moral condena el descarrío general de vocaciones que caracteriza el período industrial de la civilización, cuanto mayor sea la trascendencia social de la profesión, tanto mayor será su responsabilidad en el mal que se condena.

Se comprende que el labriego no sepa qué es una entidad social de primer orden; se explica que el obrero ignore su importancia social; se concibe la ignorancia en que viven de la trascendencia de sus funciones sociales los mil agentes del trabajo industrial: la sociedad de hoy esta fundada sobre la sociedad de ayer, y la sociedad de ayer, ignorando la igualdad natural de los servicios, ignoraba la igualdad social de los méritos. Pero que el maestro no sepa a punto fijo el papel que desempeña; que el cura de almas y el de cuerpos estén casi siempre por debajo del alto deber de su función; que el sostenedor de la ley y el que la aplica prefieran los gajes del oficio a la gloriosa responsabilidad que los distingue y enaltece; que el periodista, guardián de la civilización, haya reducido a industria comercial de innoble especie su vasta representación de la razón y la conciencia populares, ni se concibe ni se comprende ni se explica.

Y aquí no es la sociedad, aquí es el funcionario el primer responsable del desnivel entre él y su función: también por estar basada la sociedad contemporánea en la sociedad pasada, duran aún las preocupaciones en favor de los sacerdocios liberales o espirituales, y cuanto obsta en las sociedades no completamente reformadas para la dignificación de los funcionarios industriales, tanto consta la ayuda y favor de las profesiones que se tienen por más dignas.

Entre las más, la primera por el orden de su trascendencia, es el magisterio. Aún no han llegado las sociedades humanas hasta proporcionar escrupulosamente los honores y la recompensa a la dignidad del magisterio; pero no hay una sola, principalmente entre las esclarecidas por la democracia, que no incluya prácticamente entre las primeras y más dignas de respeto, a la función social que tiene por objeto la guía de las generaciones.

En cambio, no es tan general entre los encargados de esa función el conocimiento de sus responsabilidades, de su grandeza y de su fin social. Así, con excepción del corto número de sociedades que tienen de la educación fundamental la exacta idea que practican los norteamericanos, la escuela no es lo que debe, porque el maestro no sabe ser lo que debe ser.

Antes que nada, el maestro debe ser educador de la conciencia infantil y juvenil; más que nada, la escuela es un fundamento de moral. Si educa la razón, ha de ser para que se desarrolle con arreglo a la ley de su naturaleza y para que realice el objeto de su ser, que es exclusivamente la investigación y el amor de la verdad; si educa los sentimientos, es porque son el instrumento más universal de bien, en cuanto son instrumento de la atracción universal entre los hombres; si educa la voluntad, ha de ser para enseñarla a conocer el bien como el único modo en esencia y el mejor en práctica, de ejercitar la actividad; en suma, si educa lo que debe y como debe, ha de ser con el supremo objeto de educar la conciencia, de formar conciencias, de dar a cada patria los patriotas de conciencia, y a toda la humanidad los hombres de conciencia que les hacen falta. A ese fin, la Escuela tiene que satisfacer tres condiciones: ha de ser fundamental, ha de ser no-sectaria, ha de ser edificante.

Fundamental, suministrará sin reservas de ninguna especie los fundamentos coordinados de toda la verdad que se conozca: así *educará* la razón, es decir, la guiará hacia su propio fin, y preparará hombres que amen la verdad como se ama un bien necesario y conocido, y que detesten el error con la fuerza viril con que se debe detestar el mal.

No-sectaria, la Escuela deberá defender con vigor su independencia de todo dogma religioso, de todo dogma político; de todo dogma económico, de todo dogma científico, de todo dogma literario; en una palabra, de todo dogma. Religión, moral, derecho, Estado, sociedad, literatura, todo es progresivo, porque todo es expresión de una fatalidad biológica que ha sujetado y sujeta a la ley de su propio desarrollo a todos los seres, y triplemente progresivo el ser de razón, de conciencia y de sociabilidad reflexiva.

Edificante, la Escuela ha de educar en vista y previsión continua de su propio objeto moral y del objeto que tiene en la vida y en la humanidad el niño. El niño es la promesa del hombre, el hombre la esperanza de alguna parte de la humanidad: la Escuela tiene por objeto moral la preparación de conciencias. Así, por su objeto como por el del niño que va a ser hombre, la Escuela ha de edificar en el espíritu del escolar, sobre cimientos de verdad y sobre bases de bien, la columna de toda sociedad, el individuo.

Si la sociedad, concibámosla como la concibamos, es de todos modos un compuesto de individuos, y si experimentalmente se prueba que las sociedades más sanas son las compuestas de individuos menos corrompidos; y si la corrupción del individuo empieza por la ignorancia de la realidad, sigue por el fanatismo de cualquier orden de creencias y acaba por el olvido sistemático de la propia conciencia y del deber que la mejora, es lógico inducir que allí donde empieza el individuo social, que es en la Escuela, empieza la tarea de moralizarlo socialmente, como empieza en el hogar, su primer centro, la tarea de moralizarlo individualmente.

Para que la Escuela moralice, se repite, será fundamental, y suministrará los fundamentos precisos de cuantos conocimientos positivos están organizados en ciencia y son capaces de educar a la razón en el amor de la verdad; será no-sectaria y educará el sentimiento y la voluntad, no en dogmas religiosos o morales o políticos, o científicos o literarios que sean germen de fanatismo exclusivista, sino en el ejercicio de lo bello bueno y del bien concreto, en la práctica de todas las tolerancias y en los horizontes abiertos del sentir y del querer, que no son fuerzas para puestas al servicio de sistemas deleznables, sino para manifestar la eficacia de las leyes inconmovibles de la naturaleza; será edificante la Escuela, y edificará hombres de conciencia y de deber, para la familia, para la patria y para la humanidad. Los edificará para la familia, que es la base moral de la patria; los edificará para la patria, que es el fundamento moral del amor a la humanidad; los edificará para la humanidad, que es el centro moral de atracción a que convergen y sobre el cual gravitan todos los seres de razón consciente.

Capítulo XXVIII. La moral y la iglesia católica

Como si el mundo viejo estuviese todavía por derruir, una porción de zapadores retardados están aún, en las postrimerías del siglo que solo por su espíritu constructivo se inmortalizará en la memoria de la Historia, zapando y derruyendo.

Los unos zapan con el hacha prehistórica: son los representantes póstumos de la teología y de los sistemas *a priori*; los otros zapan con la zapa volteriana, son los sobrevivientes del enciclopedismo y del racionalismo sistemático.

Los primeros se han estacionado en la edad de oro de la Iglesia católica, aunque, a la verdad, el catolicismo no ha pasado todavía de la edad de bronce. Los otros han hecho parada en el siglo XVIII y en la revolución francesa.

Los primeros tratan de derruir la obra secular de la razón humana; y hoy, como en el período de reacción contra la Reforma, se esfuerzan desesperadamente por aniquilar la civilización contemporánea, hechura del hombre en consorcio con la naturaleza. El Sillabus, el dogma de la concepción inmaculada, el de la infalibilidad, las canonizaciones, la acerba lucha por la reconquista del poder temporal, son otros tantos arietes puestos contra la dolorosa construcción de los progresos humanos, contra la fábrica de verdades de la biología y de la fisiología, contra el monumento de ingenuidad levantado por el positivismo y por la antropología a la verdad, cuando reconocen, declaran y acatan la falibilidad *necesaria* y la providente limitación de la razón humana; contra la obra cooperativa de la moral, del derecho, de la libertad y del gobierno constitucional, cuando condena los esfuerzos de Irlanda por cumplir con el deber de ser patria de sus hijos cuando anatematiza los derechos individuales, cuando pasa todo el siglo en apoyar tiranos contra pueblos, y cuando, por fin, quiere restaurar el gobierno temporal, que no solo ha sido una inmoral contradicción, sino que volvería a ser el peor ejemplo de autócratas, déspotas y usurpadores.

Los segundos, como si lo único que compete a la razón contemporánea fuera demoler los restos del edificio de errores teológicos, o como si pudiera prescindirse del orden de la vida social y ejecutar de la noche a la mañana el noble, pero ilusorio ideal de poner una nueva sociedad sobre la antigua sociedad, un mundo nuevo sobre el mundo viejo, una nueva humanidad sobre la antigua humanidad, el bien sobre el mal, el derecho sobre el privilegio, la libertad sobre la esclavitud, la civilización sobre la barbarie, la razón sobre el absurdo, la conciencia sobre la inconsciencia, pierden en pulverizar sillares o capiteles del edificio derruido, el tiempo precioso que necesitamos para seguir poniendo piedra sobre piedra en el nuevo edificio apenas comenzado, y en el cual, para ser bueno, han de entrar elementos arquitectónicos del antiguo, porque todo edificio social ha sido en todo tiempo, y en todo tiempo será, obra de la misma humanidad que mezcla errores con verdades, bienes con males, y de la mezcla hace el cimiento secular de sus largas construcciones.

A los zapadores del pasado no les hablará en nombre de ella misma la moral: les hablará en nombre de los intereses de la Iglesia.

A los zapadores del porvenir, armados por la misma moral en su momento de olvido en sí misma, ella será quien les hable, los persuada y los desarme.

El catolicismo, como la humanidad, no tiene su edad de oro por detrás, la tiene por delante. Llegará en cuanto llegue al gobierno de la Iglesia un Papa reflexivo. Con éste le bastará para acatar como hecho consumado la abolición del Papado temporal, y para reconocer en ese hecho uno de los más grandes beneficios que han podido ideas religiosas recibir de la necesidad y la razón. Entonces, desistiendo concienzudamente de reinar sobre ilotas prosternados, desechando la majestad postiza por la connatural majestad del imperio sobre conciencias, establecerá de hecho el gobierno espiritual, el imperio inmaterial a que Buda aspiró, que deseó Jesús, que Comte presentó como uno de los medios necesarios del ideal social, que a tientas, a traspiés y bamboleando busca a través de la Historia la sociedad inquieta, y que a ciegas, sin plan, sin método, sin perseverancia, realizan en parte la democracia, la ciencia, la literatura, el periodismo, el arte, cuantas actividades fundamentales y cuantas instituciones complementarias del derecho y de la asociación natural trabajan por reproducir en la sociedad la armónica coexistencia de lo uno y lo vario que nos admira, nos encanta, nos doctrina en la naturaleza.

Así, elevándose desde el gobierno temporal al gobierno espiritual, el Papado consumará la reforma religiosa más trascendental, porque será la que hará compatible la religión con la razón en Occidente, y porque preparará el tránsito de las religiones de tradición a las religiones de razón, y el advenimiento de una sociedad suficientemente abandonada a sí misma por la Iglesia y el Estado para que distinga y separe por su cuenta lo temporal de lo espiritual, clasifique en dos grupos de vocaciones las varias actitudes de que ha menester la sociedad para vivir, y funde un orden más natural, y, por tanto, más estable que el incierto hoy existente.

Los demoledores bien intencionados, que en nombre del porvenir y de la moral zapan los cimientos seculares que aún resisten a la demostración, como ayer resistieron a la burla, piensen que, si resisten, por alguna fuerza virtual será; piensen que el propósito no es destruir por destruir, sino por reconstruir; piensen que para reconstruir es preciso contar con los materiales intactos de la obra demolida y con las fuerzas virtuales que sirvieron para ella. La fuerza que resistió al ingenio del siglo XVIII y que resistió a la ciencia del siglo XIX, ¿no es la conciencia religiosa? Pues esa es una fuerza constructiva que es preciso utilizar, como la utilizó la Reforma, como quiso utilizarla el pensador que, por su fuerza de concepción orgánica, ha sido en nuestros días más digno de completar con la idea de una renovación de la filosofía por la ciencia, una renovación de las religiones por la filosofía.

La descomposición molecular de las religiones hasta mostrar la inanidad de organización en todas ellas, obra es hecha, y no ha sido obra difícil, aunque haya sido larga y lenta. Pero la aniquilación del elemento religioso, es imposible: las raíces no se arrancan sin matar la planta, y raíz de la conciencia, como fin que es de vida humana, es el elemento religioso en toda vida. Se puede llegar, se llega, y es bueno llegar individualmente a desasirse de toda divinidad tradicional, a fabricar por sí mismo la suya, a hacer de la Humanidad un ser divino y de la civilización un culto o a convertir la actividad de la propia conciencia en religión, y en culto los deberes de la vida; pero suprimir la conciencia de las causas, que hace del principio de causalidad en todos los procedimientos empleados por la razón como una de las cuatro piedras angulares de toda construcción intelectual, una de las células del ser consciente, además de imposible, es inútil. Lo útil es aprovechar ese género de composición y de organización social. Además de lo útil, es lo necesario. El individuo puede evolucionar, en una vida tan rápida como la suya, desde el sistema de ideas hereditario que se recibe de cada época al nacer, hasta el sistema de ideas propio que forman, labrando su propia materia intelectual los pocos que a eso llegan; pero una sociedad, pero la sociedad, pero la humanidad de un tiempo dado, no puede llegar de ningún modo. Ver ese hecho es ver la necesidad de atemperarse a él. A él se atempera la moral social cuando hace descender al fondo de la conciencia colectiva, y muestra en ella el triste desarreglo producido por la corriente de las ideas religiosas y por la contracorriente de las ideas científicas. El desarreglo resulta de la fuerza con que arraigan las unas en el sistema de ideas heredado, y del ímpetu que llevan, al arraigarse, las ideas adquiridas. La lucha en cada conciencia es lucha en todas, porque la misma resistencia que hacen en la conciencia individual las creencias tradicionales, la hacen en la conciencia colectiva. Pero como el resultado de la lucha en ésta no es parcial, sino total, y afecta a la sociedad universal de un tiempo dado, la resistencia desesperada: el brahmanismo, vencido como idea por el budismo, como hecho social, prevaleció sobre la primera doctrina redentora; el confucismo, tan superior como doctrina a la religión de los espíritus y al budismo degenerado, ha tenido que pactar y coexistir con una y otra; el judaísmo sobrevive a la Judea.

Si lo que se quiere es lo que se debe querer, esto es, concordar el régimen de la conciencia con el régimen de la razón, para que aquélla, en vez de violar su ley y su destino, obstando al desarrollo de la razón humana, se someta a su destino y su ley de desarrollo, que es subsidiario del desenvolvimiento racional, ¿qué es más moral, prolongar el desarreglo de conciencia y el desorden social que lo subsigue, o resignarse a los hechos, atenerse a la ley del proceso, de las ideas en la razón colectiva, y siguiendo reflexivamente el ejemplo que por instinto ha seguido en toda reforma el ser social, imitar al arquitecto que, reducido a contar con materiales viejos, busca entre ellos y entresaca los buenos, los intactos, los incorruptibles, los útiles para indefinidas construcciones?

Si lo que se quiere es tranquilizar la conciencia de la sociedad para que, descartados de su vida activa los problemas embarazosos, se entreguen en cuerpo y alma a mejorarse, a perfeccionarse, a realmente civilizarse, incluyendo la civilización de su conciencia en las de todas las fuerzas naturales del hombre, ¿qué conduce más rectamente a ese propósito? ¿Destruir o construir?

Ya, en la obra de reconstrucción del orden social, se ha adelantado bastante: las ciencias positivas, oponiendo el mundo natural al sobrenatural, han sentado las bases de ese orden; la filosofía positiva, la historia de las religiones y la antropología antehistórica, mostrando inductiva y deductivamente la invariabilidad del procedimiento seguido por la humanidad, bosquejan ese orden; el protestantismo, tan desconocido por sus detractores y por eso tan calumniado, pero tan vivo y tan activo en su incansable evolución, que ha llegado en el unitarismo y en el universalismo a tocar en los lindes de las religiones filosóficas, da en *negativa* la confusa imagen del orden que se busca.

Si, pues, las verdades demostradas por las ciencias naturales, la realidad revelada por las ciencias sociales y la evolución que a nuestra vista se consuma de una religión positiva convirtiéndose cada vez en más racional y en más acorde con la evolución intelectual, demuestran que hay elementos y medios para un orden nuevo, el progreso no está en desconocer que hay una sociedad occidental de europeos y americanos, compuesta quizá de trescientos millones de seres, más o menos racionales, que se obstinan, los unos por ignorancia, los otros por amor a la tradición, estos por indolencia intelectual, aquéllos por astucia social, en ser católicos. El progreso, es decir, el movimiento necesario, consiste en ver que no se puede aniquilar esas conciencias, que no se debe aniquilarlas, aunque se pudiera, y que el deber consiste en construir con ellas y con sus creencias: primero, una religión activa y progresiva, como el protestantismo; un orden social para los pueblos católicos, semejante al de los pueblos protestantes, que indudablemente son superiores en moralidad pública y privada, en dignidad política y en fuerza civilizadora, a los pueblos que se sustrajeron a la Reforma.

Para hacer del catolicismo una religión progresiva, se ha dado con la separación del Papado temporal, el primer paso; el segundo se deducirá necesariamente del primero, separando los intereses de la Iglesia de los intereses del Estado; el tercero y el cuarto lo está dando la sociedad más efectivamente católica del mundo, Francia, al secularizar la Escuela y al resolver por medio del derecho común el problema del celibato de los curas; el paso más avanzado lo dan Secchi, Moigno, Mignan, Lambert, Bourgeois,

Delannay, Desnoyer y cuantos jesuitas como el primero, obispos como el tercero, presbíteros como los restantes, que, al aceptar los procedimientos y las verdades de la más antigua y la más nueva de las ciencias, sin por eso derrumbar la religión que profesaran o profesan, han aceptado que la ciencia es una base de orden religioso. Así como para el Japón, en donde el budismo, semejante en todo al catolicismo, había de antiguo establecido un papado temporal junto a una soberanía monárquica, la abolición de la soberanía papal fue la víspera de la conversión al progreso occidental, así para los pueblos católicos será primer día de una civilización más completa, porque será más moral, el día en que el Jefe de la Iglesia católica, tomando realmente la dirección espiritual de los pueblos de su secta, favorezca las reformas que han de poner al catolicismo al nivel de la civilización, y prepare el advenimiento del orden moral no impuesto.

Capítulo XXIX. La moral y el protestantismo

Es natural que el protestantismo esté más adelantado en la evolución religiosa que el catolicismo.

En primer lugar, la razón de la Protesta era, por sí sola, un movimiento hacia adelante, que en vano hubiera querido contener el mismo Lutero cuando, descontento del espíritu que él llamaba *mundano*, y que no era más que la primera florescencia de la vida al franco ambiente del libre examen, se mostraba casi arrepentido de su obra.

En segundo lugar, el ejercicio de la iniciativa individual que, desde los primeros días de la Reforma, llevó de la guerra abierta contra la actividad jerárquica a la sustitución de la misma autoridad mental con la que llamaron «inspiración personal» los puritanos, no podía menos de fructificar activamente en el desenvolvimiento del nuevo germen religioso que, de un modo un poco inconsciente, había la Protesta depositado en el seno de la nueva sociedad.

En tercer lugar, la transplantación del protestantismo al nuevo mundo, en donde halló desde el primer momento un suelo completamente virgen, y en donde su propia virtualidad formó un espíritu social tan expansivo y un campo de batalla religiosa tan activo, que todas las sectas se mejoraron, depuraron y fortalecieron por la lucha.

En último lugar, no el último en jerarquía, sino en orden cronológico, la tendencia filosófica del protestantismo germánico, que puesto como la ciencia y como la conciencia contemporáneas, delante del problema religioso de la época, en vez de encerrarse, como el catolicismo, en la afirmación obstinada de los fundamentos dogmáticos que el mismo vulgo de la época rechaza por opuestos a la razón, o como el protestantismo ortodoxo (el luteranismo) que, entre la Biblia y una afirmación concreta de la ciencia contemporánea, opta por la Biblia; en vez de encerrarse, repetimos, en el círculo de dogmas de donde parte, va poco a poco rompiendo el círculo entrando en la atmósfera, en la esfera y en la vida de la civilización contemporánea. Al revés del papismo y del luteranismo, el protestantismo progresivo acepta franca y resueltamente el progreso moderno, el fundamento científico de ese progreso, las consecuencias que de él se desprenden, y la obra que ha empezado y continúa así en el orden material como en el inmaterial.

Lo que ha hecho en Alemania la vocación filosófica, muy de más antiguo ha estado en América haciendo para el protestantismo la potencia biológica de esa más nueva que ninguna otra sociedad, porque es la más ingenuamente entregada a los procedimientos y resortes de la vida nueva. Aunque no se sabe a punto fijo si es el protestantismo quien da esos frutos, o si los frutos de la vida nueva son los que han dado en la completamente nueva sociedad angloamericana el protestantismo progresista y positivista, el hecho evidente es que, allí, fuera de toda tendencia especulativa, libre de toda influencia metafísica, sin cuidarse para nada de sistematizar *a priori* sus ideas y la razón del movimiento ascendente, de menos racionales a cada vez más racionales, el protestantismo ha llegado en los Estados Unidos a las mismas conclusiones que el protestantismo liberal de Alemania y al mismo rompimiento definitivo, por substancial, que hubo entre el paulismo, en cuanto dogma, y el protestantismo de Lutero, Melanchton y Calvino.

Ya, para que la evolución religiosa esté más adelantada en los Estados Unidos que en parte alguna, no hay ninguna secta protestante que abjure de la ciencia como el catolicismo o de verdades contradictorias de la Biblia, como el luteranismo, o de las consecuencias jurídicas de la Protesta, como el protestantismo conservador de Alemania. Al contrario, aprovechando, no ya solo la libertad, sino la educación de la libertad, los protestantes norteamericanos utilizan omnímodamente cada día las ventajas prácticas que les ofrece el manejo y dominio de los derechos naturales, y en vez de encerrarse en alianzas académicas como el *Protestantverein* de Alemania, que liga y alía ideas en formación más bien que fuerzas vivientes de la sociedad, los progresistas del protestantismo se fortalecen de continuo en la predicación popular de sus ideas, en la transformación de éstas al paso de la necesidad de transformación, y lejos de encerrarse en alianzas tan útiles para la especulación cuanto inútiles para la propaganda, no usan de la asociación sino para constituir focos y núcleos de irradiación.

Así es como allí se ha llegado a las dos últimas expansiones actuales de la Reforma: el *unitarismo* y el *universalismo*, que contienen entre ambas todas las resultantes especulativas del liberalismo protestante de Alemania, y que tienen sobre éste, para la evolución religiosa del mundo, la inmensa ventaja de haber hecho positivas y vivas sus ideas en dos secciones poderosas del protestantismo.

Cuando se compara la obra general del protestantismo con la particular a que la Iglesia católica ha estado consagrada desde Sixto V hasta León XIII, ciego de razón o necio de intención o loco de fanatismo se ha de ser, para no preferir la obra educadora de la una, a la de tenaz reacción contra todo adelanto mental, jurídico y moral de la otra.

Las sectas protestantes, el espíritu jurídico del protestantismo, fue el que adelantó en tres siglos la civilización política de Inglaterra; su fuerza especulativa, la que desarrolló la vocación filosófica de Alemania; su ingenuidad científica, la que nos dio el método experimental; su juvenil actividad en la competencia de los credos, la que ya, desde la colonia, bosquejó la más viva, más activa, más fuerte y poderosa de cuantas sociedades han existido en el mundo. Ellas, dando su impulso intelectual, serán, por fin, las que, mientras la Iglesia católica desperdicia en nonadas su fuerza y su influencia, van aproximándose cada vez más a la solución del problema religioso.

Ante la moral, cuya aspiración final es el establecimiento de un orden *voluntario*, del orden de la voluntad, a que deliberada y voluntariamente concurran todos los seres morales, a sabiendas de que concurren y a sabiendas de los medios que emplean para concurrir y de los deberes que cumplen al concurrir a él; ante la moral, la obra comparada de protestantismo y catolicismo hace del primero un instrumento de orden moral que no ha sido el último.

Pero es imposible que un coeficiente substancial de orden social como es, en definitiva, toda religión positiva, pueda sustraerse indefinidamente al cumplimiento de su fin, y siga obstinándose impunemente en servir de rémora a la verdad, de obstáculo al derecho, de impedimento al deber que todos los hombres tienen de desenvolver en todos sentidos las fuerzas naturales que recibieron para eso.

Es imposible. La fuerza misma de la evolución religiosa concluirá por arrastrar a la Iglesia católica hasta la reforma y la protesta de sí misma. La abolición definitiva del papado temporal y la tendencia sorda de los cismáticos que con el nombre de *viejos católicos* aparecen, desaparecen y reaparecen periódicamente, como los cometas periódicos, para atestiguar la acción fija de un centro de atracción, son ya señales de que la evolución va a comenzar.

Más aun cuando no hubiera esos y los otros signos del tiempo que ya hemos mencionado, la resuelta evolución del protestantismo concluirá por bastar, para aunque solo sea por competencia religiosa que es tan decisiva como la industrial, mover, conmover y promover al catolicismo.

Si esto no bastare, el hecho de la transformación verificada en el mismo espíritu del judaísmo, que es ya en sus altas personificaciones, más liberal, más progresista y más humano que el catolicismo de la pluralidad de los católicos, será un nuevo motivo.

Y si aún no bastare, la Iglesia católica se moverá por la fuerza; por la fuerza de las ideas que arrastran fatalmente a las instituciones que no quieren ni deben perecer antes de tiempo.

La fuerza de las ideas nos ha traído a la actual situación religiosa, que se describe por sí misma: pérdida de eficacia por parte de las doctrinas teológicas del cristianismo, tanto ortodoxo como heterodoxo, aunque indudable y *utilizable* influencia de su principio orgánico (potencia redentora del dios humanizado) en el fondo social de las naciones protestantes y católicas; ganancia paralela de la eficacia de la verdad demostrada, en proporción de su acción indirecta sobre el bienestar físico por medio de la industria, y de su acción directa sobre la razón colectiva por medio de la educación; tendencia universal en todos los directamente beneficiados por la educación científica y literaria de la época, a concordar las creencias religiosas con las científicas, para lo cual tienen que acomodar las verdades indemostrables a las verdades demostradas; alejamiento cada vez más numeroso de indiferentes, de volterianos y de incrédulos, no ya de toda religión positiva, sino hasta del propósito ordenador que todas han tenido en su principio; corriente reconstructiva del pensamiento sociológico que, al considerar las religiones como fenómenos biológicos de la humanidad, las convierte en elementos de orden y organización que las hace dignas de consideración y aun de cooperación para todos aquellos que han entrado en esa benéfica corriente de ideas.

El protestantismo, que ve con claridad la situación y que, en sus más altos derivados, la arrostra con la humana resolución de no obstar con su estancamiento al proceso de las ideas contemporáneas, llegará probablemente a aquel grado de evolución en que la religión positiva más racional concierte con la religión filosófica que más en cuenta haya tenido el movimiento evo-lutivo de los dogmas.

De aquí allá, tiempo hay largo. El catolicismo debería aprovecharlo.

Capítulo XXX. La moral y las religiones filosóficas

La moral no quiere que se destruya inútilmente; pero no quiere tampoco que se construya sobre ruinas, sin antes examinarlas pericialmente, someter a prueba los cimientos, separar los escombros y clasificarlos para utilizar los utilizables y arrojar los inútiles.

Ésa, que es la obra del libre examen, se lleva a cabo por pensadores reflexivos y por irreflexivos entusiastas. Los primeros son reconstructores; los segundos son demoledores. Los unos, los pensadores de la verdad, aspiran, poseídos de la íntima buena fe de la verdad, a mostrar, tal cual es, el maderamen y armazón de *todas* las religiones positivas, mostrando, de un lado, la invariable unidad del germen religioso en todos los sistemas que han convertido la idea de causa inicial y universal en ciencia de la divinidad; de otro lado, la reverenda autoridad y la veneranda fuerza social de un propósito que ha servido de guía a las civilizaciones más completas, en la China, en la India, en la Persia, en Egipto, en Judea, en Fenicia, en Grecia, en Roma, en Islandia, entre los aztecas, entre los Incas, en los siglos medios, en el Renacimiento, antes de la Reforma, después de la Reforma, antes del racionalismo, después del racionalismo, antes del período revolucionario, durante el período revolucionario, en todos los grados de racionalidad hasta ahora alcanzados por el hombre histórico, desde el salvaje en su selva hasta el civilizado en su ciudad; en todas las gradaciones industriales, en todas las edades del hombre ante-histórico, desde la de piedra hasta la de hierro.

Los otros, los entusiastas del progreso, viendo que la vieja idea se presenta siempre revestida del mismo ropaje tenebroso y con las mismas formas misteriosas y con idéntico séquito de nociones contrarias al sentido común, a los sentidos externos y al interno, revelada en todas partes, exclusivista en todas partes, milagrera en todas partes, absorbente, fanática, supersticiosa; velada, guardada, resguardada y corrompida por el mismo cuerpo viviente de intérpretes ungidos y consagrados que, brahcmines, levitas, magos, bonzos, augures, curas de almas, santones o pastores, constituyen siempre el mismo sacerdocio, hostil a toda expansión del ser humano en sus afectos, en sus inclinaciones, en sus ideas, en su conciencia, se niegan a toda transacción con la idea por no aceptar ninguna transacción con los símbolos, sus formas y sus representantes.

No se dirá en absoluto que estos entusiastas del progreso hacen mal, porque es mucho el mal de que hay todavía que despojar a la idea religiosa, y divulgarlo como lo divulgan esos escandalizados, es, cuando menos, una protesta de la moral contra la inmoralidad que se impone más extensamente y con más fuerza; pero mucho más útiles serían al generoso fin que se proponen, si en vez de enemistar a los hombres de bien con los de mal que usurpan la dirección de los sencillos, se persuadieran con la experiencia, y se convencieran con el raciocinio, de lo inútil que es la tentativa de arruinar errores y perversiones que son índole de toda institución privilegiada, sin antes arruinar la institución; y de lo útil que sería la tarea de patentizar la compatibilidad de cualquier forma de creencia, siempre que se subordine al movimiento actual de la razón y la conciencia colectivas, en vez de querer subordinarlas.

Con su pésimo designio y con su viciosa organización, con sus errores y torpezas, con sus perversiones y con su fatal inclinación a la pendiente por donde se precipitan todas las instituciones humanas que desconocen la moralidad de su destino, todas las religiones positivas, empezando por el ya viejo brahmanismo y acabando por el casi recién nacido cristianismo, que solo aparece en las últimas transformaciones del protestantismo, todas las religiones positivas tienen vida larga por delante; de seguro vivirán lo que vivan las tradiciones de raza, tribu, estirpe, familia que las han modelado a su sistema de pensar y de vivir. Las religiones son inmortales: dicho es no en el sentido vano y tonto en que se suele emplear esa palabra, dándole alcance metafísico o poético, sino en el sentido histórico y humano: son inmortales, no porque sean revelación, pues entonces ninguna sería falsa o todas serían verdaderas, sino porque son una de las construcciones de la actividad genial del ser humano en todos los momentos de su tránsito por el tiempo y el espacio.

Por lo que hace al catolicismo, que solo al mahometismo, al nanakismo y protestantismo cede en juventud, religión de ayer, esfuerzo de diez y nueve siglos, trabajo de poco más de cien generaciones, todavía tiene savia suficiente que convertir en tronco y ramas, y, sobre todo, substancia bastante con que entretener la maravillosidad de las racionalidades y las conciencias inferiores que forman la base fundamental de las civilizaciones, al modo que las vidas inferiores forman la base fundamental de la escala zoológica.

Todo el trabajo de la civilización actual se reducirá en lo futuro a difundir de Oeste a Este y de arriba a abajo, la razón adquirida: siguiendo la primera dirección, llamará en su ayuda a los pueblos de Oriente que hasta ahora le sirven de aisladores; siguiendo la segunda, penetrará en las capas, senos y sinuosidades de cada sociedad civilizada, llamando a más razón y más conciencia a las multitudes parias que viven debajo de la superficie de la civilización. De ahí no pasará. Mas sin pasar de ahí, podrá, con el simple ascenso intelectual de las capas inferiores, hacer ascender también la idea católica, hasta que, reformadas las instituciones que la han organizado, y cumplida la ya más adelantada evolución del protestantismo, se prepare un tránsito social de la religión positiva a la filosófica.

Hablo en singular, y no en plural, porque la religión positiva que me parece más llamada a la transformación, es una sola, el catolicismo; y la religión filosófica que más previsoramente se ha organizado para preparar y aprovechar esa transformación, es también una sola, el humanismo.

El humanismo, religión de la Humanidad o positivismo religioso, es en la altísima mente de su fundador un catolicismo filosofado; es decir, despojado, por esfuerzos de razón y de sistema, de conciencia y de moral, de todo dogma trascendental, de todo símbolo teológico, de toda urdimbre metafísica y escolástica.

Tiene dogma, tiene culto y tiene rito; pero toda la fábrica religiosa está fundada tan radicalmente en el dogma filosófico del progreso y ascenso continuo de la Humanidad, mediante un esforzarse y un sacrificarse tan sin tregua; en un dogma sociológico tan constructivo como la idea de que el orden se genera necesariamente de la división del trabajo temporal y espiritual, santificados ambos por el progreso y por el bien; en un dogma moral tan generoso como el altruismo que, del hecho de que la vida de la Humanidad es un continuo sacrificio por y en favor de cada uno de sus hijos, se eleva a la idea de que es necesario amar al prójimo *más* que a uno mismo; en una palabra, la religión de la Humanidad es una tan noble tentativa de conciliación, no ecléctica, sino armónica; no metafísica, sino científica; no casual, sino causal, que es muy posible, y hasta es muy de desear, que se vaya haciendo el ensayo de la transición del catolicismo al positivismo religioso por todos los descontentos del extravío de la religión de cuna, aunque solo fuera para experimentar el poder orgánico de una religión fabricada sobre una nueva filosofía, sobre un nuevo dogma moral y sobre una nueva idea del orden social.

Ni el deísmo, ni el panteísmo ni el naturalismo tienen la fuerza sociológica ni la fuerza moral que podría desplegar el positivismo religioso, porque todas ellas son eflorescencias metafísicas o científicas que llevan las consecuencias del pensar metafísico o del inducir científico, hasta una afirmación arbitraria las primeras, o hasta una afirmación comprobada la última; pero de ahí no pasan. En tanto el humanismo es una afirmación con pruebas, una confirmación con datos y una fabricación consolidada con confirmaciones y afirmaciones de verdad.

Tiene, sobre las meras especulaciones religiosas de la filosofía y de la ciencia, la ventaja de ser accesible a multitudes que vivirán privadas del pensar y el sentir especulativo mientras no llegue a ellas la corriente intelectual de la ciencia contemporánea, de ofrecerles una transición menos violenta que la a que continuamente se ven forzadas las generaciones que pasan de la creencia a la ciencia, y de proporcionar a las conciencias atribuladas por su orfandad religiosa, el consuelo, el estímulo y la fuerza de una organización en que han entrado a la par el espíritu del pasado, la ciencia del presente y el propósito del porvenir.

Todo ese conjunto de esfuerzos es acepto a la moral; pero lo que más estima ella en el positivismo religioso, es que, como las religiones positivas en su período de milicia, propaganda, iniciación e incubación social, está sembrado de deberes.

Las religiones filosóficas no ligan. Cada pensador o soñador o elucubrador religioso desarrolla a su modo el germen de idea que o concibió por sí mismo o concibió de otro pensamiento ya formado, y todo su deber, grande y noble sin duda, pero íntimo y solo exigible por la propia conciencia, consiste en ajustar la vida a la noción individual. Los *free-thinkers* de los Estados Unidos, siguiendo el torrente de asociación que allí fortalece tan rápidamente toda manifestación de vida humana, son los únicos pensadores de orden religioso a quienes el autor ha visto reunidos en periódicas sesiones y conferencias normales con objetivo un poco más vasto y orgánico que el mero discutir, y con una idea de deber un poco más eficaz que la simple comunicación de ideas.

Fuera de esa secta, las otras que tienen por objeto la formación de ideas religiosas son esfuerzos aislados que no ofrecen a la moral el medio de intervención y acción que el positivismo religioso le presenta con su verdadera organización de deberes.

Capítulo XXXI. La moral y la ciencia

Es la ciencia probablemente la actividad humana en que se despliega mayor fuerza consciа y en que los individuos viven de un modo más conforme al orden moral.

La razón de esa conformidad o conformidad aproximada, es triple: ante todas (para buscar y presentar la que a un mismo tiempo opera fisiológica y psicológicamente), el ejercicio de los mismos órganos de actividad que, por el ejercicio, van gradualmente desarrollándose, transmitiendo su fuerza y produciendo la generalización de la fuerza que, una vez desarrollada, constituye la costumbre; después, el esfuerzo sistematizado en la indagación de la verdad, que necesariamente concluye por hacer biológica la necesidad de verdad, así objetiva como subjetiva; por último, el incesante experimento de las propiedades, correlaciones y dependencias de los dos órganos supremos de la personalidad humana, la razón y la conciencia.

Si se quiere una razón adicional, la da el desinterés. Ningún hombre efectivamente consagrado a la ciencia por la ciencia misma, es decir, a la verdad por la verdad en sí, puede tener en la vida de relación ningún interés perturbador: el mismo interés de la gloria debe serle liviano, por la insuficiencia de la gloria en cuanto incapaz de satisfacer su necesidad de verdad subjetiva, por lo contagiada de mentira y vanidad que anda la gloria, ni su necesidad de verdad objetiva, porque la gloria es afanosa y sus afanes ofuscan a la razón y perturban a la conciencia. Hay, pues, una que podemos denominar moralidad complexional de la ciencia, que se transmite a sus cultivadores y los hace espontáneos factores de moral.

En la historia pasada hay alguno que otro nombre científico que es odioso a la Moral; pero en el movimiento coetáneo de la historia no hay nombres más puros ni más limpios ni más honrosos para la humanidad que los de las personificaciones de la ciencia.

Así como antiguamente, y aun hoy, se hacía y se hace de los filósofos, por su desapego de los intereses vulgares de la vida, la encarnación del desapasionamiento y la impasibilidad, así puede hacerse de los científicos la representación viviente de la moral activa.

No por eso dejan de vivir expuestos a dos influencias malévolas. Una de ellas es resultante del espíritu de secta, que también hay sectas en la ciencia; la otra resulta del espíritu de intolerancia social. Ambas influencias son dignas de atención, observación y análisis.

El espíritu de secta en la ciencia es el que niega la posibilidad de descubrimientos que alteran la noción e interpretación que se tenía de un orden dado de fenómenos. Cuantas veces un hombre de ciencia niega *a priori* la verdad que contradice, aparentemente o en realidad, lo conocido por él, obedece a ese espíritu de secta, aunque solo sea sectario de sí mismo. Cuantas veces una corporación científica se resiste a incluir en los cánones de la verdad sistematizada, una que no cabe en el sistema de pensamiento ya formado, o que de pronto no se puede o se sabe clasificar entre las que concurren a formarlo, el espíritu de secta científica es quien hace el mal.

Cuando Tycho Brahe niega categóricamente la realidad y la verdad de las leyes del movimiento planetario a que Kepler da su nombre, por no haberlo llevado sus minuciosos cálculos al descubrimiento que hizo con ellos mismos su discípulo, contraria la moral. Cuando Cuvier, teniendo por infalible la inducción que le había guiado en sus pasmosas reconstrucciones de las figuras antediluvianas, se obstina en todos los tonos, hasta el de la burla y el desdén, en negar y desautorizar el principio de las transformaciones espontáneas que ha hecho del nombre de Lamark y Saint-Hilaire, sus dos ofendidos competidores, un nombre más glorioso que el suyo ante la verdad y la justicia de los méritos, incurría en la odiosa inmoralidad de sacrificar al egoísmo de su gloria científica a dos amigos leales que habían sido además sus protectores.

Si se descarta de ellas el interés religioso, hostilidad científica, oposición de sistema de pensamiento a sistema de pensamiento, fue el que motivó las persecuciones que hicieron a Copérnico tan tímido, que no se atrevió en vida a publicar la obra que trastornaba el sistema de Ptolomeo; a Galileo tan inconsciente, que perdió la conciencia de la verdad que había descubierto.

Los dos tribunales científicos, el de Portugal y el de España, ante quienes se mandó a Colón para que les sometiera el principio en que fundaba su proyecto de ir al Este por el Oeste, aun más que al miedo de contrastar fundamentos religiosos, obedecieron al miedo de admitir una verdad que echaba por tierra todo el sistema de pensamiento que tenían.

El desorden moral que produce ese espíritu de secta científica, acaso el más patente de todos porque trasciende de un modo más patente a estancamientos o retrocesos sociales, no ha cesado todavía, a pesar de las repetidas victorias que el pensamiento nuevo ha obtenido y obtiene en sus luchas con el pensamiento viejo. Así es como el nacimiento de la verdad que más hondamente ha de revolucionar el cuerpo entero de la antropología y de la sociología, se ha señalado por la tenaz oposición hecha por una corporación científica al fundador práctico y teórico de los estudios que tienen por objeto el conocimiento de la edad del hombre en el planeta.

Pero la lucha de la moral con las fuerzas ciegas de la tradición científica, de ninguna manera se presentan tan malignas, al par que tan dramáticas, como cuando combaten en las relaciones continuas de la vida el afán de verdad con la intolerancia de la sociedad.

La sociedad no puede todavía tolerar que haya un deseo de verdad tan profundo y tan sincero, que no se detenga ante ninguna revelación de la realidad, por formidable que ella sea para el sistema de pensamiento usual, que es, en cada momento de la historia, el heredado de los momentos anteriores. No siempre en el registro de la realidad se encuentra la verdad, como no siempre se encuentra oro en el registro de un filón aurífero. Esto, que concluirá por hacer tolerante con la ciencia a las sociedades todas, porque concluirá también por hacer más perfecto el método experimental, debiera hoy mismo hacerla más propicia al esfuerzo de la razón por aumentar su caudal de conocimientos positivos. ¿Qué es, en la vida que dentro de lo absolutamente relativo consumimos los hombres en la tierra, lo que puede negarse o afirmarse con perjuicio del bien, que es el fin práctico de la existencia humanas? ¿Las hipótesis acerca de lo absoluto? Pero si todo lo que los seres relativos podemos, en virtud del principio de causalidad, es afirmar que debe y puede haber una causa general de todos los efectos, ¿qué daño puede hacerse al orden social ateniéndose a un principio de razón, cuando, siendo seres de razón los asociados, de la característica de nuestro ser hemos de vivir, fabricando con ella nuestra vida colectiva con todas las manifestaciones de esa vida?

Ésa, que es la más grave, y también la más ociosa de las luchas, es también la que diariamente origina inmoralidades más repugnantes, tanto de parte de los que niegan lo que no se puede afirmar ni negar en conciencia de verdad, cuanto de parte de los que afirman, y en nombre de la tradición, de la autoridad y del orden que ha resultado del sistema de pensamiento que sostienen, imponen o quieren imponer como una verdad su afirmación. Por parte de los primeros, esa tendencia científica se hace inmoral, si lastima expresamente, y por loca o enfermiza vanidad, las creencias ingenuas y los sentimientos candorosos. Por parte de la sociedad entera se falta a la moral y se coadyuva ciegamente al desorden moral, poniendo un veto a la actividad de un órgano tan precioso para la realización de la vida humana, como es el órgano de la verdad.

Que se someta a examen la realidad. ¿Qué mal hay en examinar lo que nuestra naturaleza racional y consciente nos llama con voz imperativa a examinar y conocer? En cambio, ¿no es un verdadero mal, un mal sistemático, una inmoralidad de todos, una conspiración de todos para prolongar el desorden moral, negarse todos, y querer obligar a algunos a que se nieguen a contemplar, observar, examinar, escrutar, reconocer y conocer la realidad en que vivimos sumergidos?

Eso no puede hacerse ya en nombre de la religión, porque hay también una ciencia de las religiones que ha enseñado a respetarlas como obra secular del ser humano, y una ciencia social que enseña a tratar de utilizarlas como elemento sociológico.

Si se hace en nombre del sistema de pensamiento que nos lega cada generación pensante, también hacemos mal, también esa es obra de inmoralidad, causa también de inútil lucha. No obstante lo poco que ha pensado el hombre histórico, cuya vida ha transcurrido en combatir el no-pensamiento al pensamiento, la no-razón a la razón, la no-conciencia a la conciencia, el esfuerzo de los que han pensado en la historia, junto con el desarrollo fatal, fisiológico, de la razón humana, ha hecho que ésta llegue al segundo período, y tal vez más exactamente, al primer momento de su segundo período funcional. En virtud de ese grado de evolución, estamos en las primeras inducciones. Solo unas cuantas horas, las transcurridas desde la mañana de este florecimiento, solo unas cuantas horas históricas hace que hemos llegado a conocer que la realidad externa e interna es la fuente de conocimientos a que ha de ir la razón en busca de la verdad, y solo unas cuantas horas hace que empezamos a aplicar el método natural de la inducción, reforzado por el procedimiento experimental, al estudio de la naturaleza y al ascenso de lo conocido a lo desconocido, de la realidad a la verdad, del hecho al principio, del efecto a la causa. Aún han transcurrido menos horas históricas desde que sabemos, con Comte, que el órgano de la verdad es limitado, y que, en consecuencia, la verdad que puede conocer se limita a las realidades cognoscibles. Aún menos momentos han pasado desde que se ha pensado en la posibilidad de otro descubrimiento, que se refiere también al proceder funcional de la razón.

Y cuando acabamos de llegar a un período de razón, y cuando todavía no conocemos el órgano mismo de que nos servimos para descubrir la verdad, ¿habremos de faltar a nuestra naturaleza, al deber que nuestra naturaleza nos impone, desistiendo de conocernos, de utilizar nuestros medios de conocimiento, y de conocer la realidad en que vivimos y donde reside la verdad que podemos conocer? Consentirlo sería una inmensa inmoralidad; querer obligarnos a que consintamos es una inmoralidad aún más inmensa. Esas son, sin embargo, las horcas caudinas que amenazan de continuo al pensamiento científico, y por donde él ha de pasar salvando su moralidad, o bajo las cuales ha de humillarse, humillando la moral.

Felizmente, la edad de las inducciones es edad de firmeza de razón, y aun suponiendo que los hombres de ciencia no tuvieran la necesaria para resistir la intolerancia social, que de todo descubrimiento substancial de la razón humana se escandaliza o finge que se espanta, bastará la necesidad de inducir para que volvamos, cuantas veces nos retire de ella, a la realidad permanente de la naturaleza en donde hemos de buscar y estamos buscando los hechos que sirven, que ya han servido y están sirviendo para elevarse por la cadena de efectos y de causas que liga a la naturaleza con sus leyes.

Ese esfuerzo, esa obstinación de la razón humana en sus esfuerzos es eminentemente moral, porque con ellos concurre al cumplimiento de los fines humanos, entre los cuales es la verdad tan alto, que sería el más alto si el hombre no hubiera de probar con el bien y la justicia de su vida, que ha comprendido la alteza de su destino.

Obstar al orden moral es ser inmoral. Quien quiera, individuo, grupo, sociedad, que sea obstáculo al cumplimiento de su fin por la razón, es factor de desorden y debe ser condenado por la moral social.

¡Limitar en sus límites naturales a la razón, y hacerla funcionar según sus funciones, es inmoralidad, y oponerse al orden natural de la razón, es moralidad! ¿Parece una aberración? Pues tan olvidada vive la moral, que eso puede afirmarse y en eso puede fundarse la intolerancia social para mortificar en el jugo, ya que no puede en la carne.

Capítulo XXXII. La moral y el arte

En el arte, todos son precipicios para la moral.

Mientras el artista —y cuanto más inconscio de sí mismo; tanto mejor para ese fin— se mantiene en la contemplación estética, ninguna fuente de moral más fácil y abundante que la contemplación, la admiración y el culto de lo bello. Trae de continuo a la realidad, porque la realidad es el campo de lo bello, y en esa operación provoca y facilita la observación y examen del aspecto y las propiedades externas de las cosas. Haciendo eso, el arte es moralizador, porque es educador de muchas fuerzas subjetivas, la sensación, la atención, la imaginación.

Del culto silencioso de lo bello, el artista pasa también en silencio al amor reflexivo de lo bello, y educa fuerzas no menos subjetivas y aún más poderosas en el desenvolvimiento de la vida práctica; la sensibilidad física, la íntima y la sensibilidad estética, forma privativa de sensibilidad en que al par se dan el gusto y la originalidad que tanto vale como decir comunidad e individualidad. Todo lo que en este sentido hace el arte es también favorable a la moral, por ser favorable a la cultura de actividades y aptitudes que pueden concurrir al bien social.

Cuando la realidad externa entra en la interna, el artista contempla con arrobamiento un mundo lleno de encantos que más lo atrae cuanto más penetra en él, y de donde saca los gritos desgarradores de la lírica, los contrastes patéticos de la dramática, los cuadros solemnes de la épica, la olímpica la expresión de Júpiter, la austera de Moisés, la virginal de los niños de la Concha, la completamente humana del cómico de Velázquez o de los bebedores de Ticiano; es decir, traduciendo lo interno por lo externo, expresa y aprende a expresar con exactitud las relaciones que hay entre el hombre que se ve por fuera y el hombre que vive por dentro.

Los templos-criptas de la India, las titánicas pagodas que tan sugestiva expresión plástica son del misterio de Brahma y de su estupenda obra social; las diminutas pagodas, que reproduciendo en pequeño el recinto del dios grande, lo disminuyen como el dios se disminuye al mostrarse en alguno de sus atributos accidentales; el terso, sencillo, inestudiado templo de Confucio, que tan sólidamente retrata con formas y elementos materiales el pensamiento y la doctrina también tersos, sencillos e inestudiados del Maestro chino; aquella iglesia budista de la capital de Birmán que resulta de la asombrosa yuxtaposición de construcciones sobre construcciones, todas idénticas en plan y forma, todas distintas en tamaño, y que sugieren todas juntas la idea de la poderosa iniciativa y del potente empeño del reformador; los templos politeístas de griegos y romanos; la catedral gótica; la mezquita mahometana; el muchas veces persuasivo templo protestante; la ruca cónica del araucano, que a millares de millas se reproduce en el bohío primitivo del yucayo de las Antillas, y con cimiento y materiales de hielo se presenta entre los esquimales de Groenlandia; la vivienda cúbica que sirve de modelo a todas las civilizaciones; las imitaciones arquitectónicas de la naturaleza, que en fustes, capiteles, cariátides y metopas se esfuerzan por reunir en el recinto de los dioses, de las ideas o de los hombres, la triple encarnación de la vida en el vegetal, en el animal y en el hombre; castillos feudales, fortalezas, quintas, museos, bibliotecas, universidades, capitolios, acueductos, viaductos, puentes, toda la fecundidad artística de la arquitectura, es, una doble oblación a la moral; primero, porque consagra a la actividad social de las ideas, de los sentimientos y de los deberes; segundo, porque consagra al trabajo y nos presenta en una pirámide de Egipto, en un teocali de México, en la calzada monumental de Quito a Chile, el incesante y devoto sacrificio del trabajo humano, unas veces debido a la tiránica necesidad de subsistir, otras veces a la brutal arbitrariedad de los tiranos.

Hasta aquí, la acción social del artista es bienhechora, no porque siempre sea obra de bien la a que concurre, sino porque el mal de que sea instrumento su genialidad estética, culpa no es suya, sino de las perversiones de sentimientos, ideas o corrupciones de la sociedad.

Más tan pronto como el artista sale de la contemplación subjetiva de lo bello o de la ejecución objetiva que corresponde a manifestaciones de desarrollo social, su papel de moralizador degenera en papel de corruptor.

El artista, séalo de la palabra o del sonido, séalo de la paleta o del buril, es como aquellos encantadores pedazos de tierra, paisajes semovientes, que la corriente del Paraná arranca de sus márgenes y conduce al Plata, de donde van a perderse en las ignoradas lejanías del Atlántico; van con musgo, hierbas, arbustos, árboles y flores, pájaros y sierpes, jaguares y lagartos, sombra y luz, islas flotantes que el morador de la ribera, al verlas pasar tan bellas, tan animadas, tan incitantes, tan risueñas, suspende extasiado la penosa labor de cada día, las sigue con mirada anhelante hasta que se desvanecen en la semitiniebla del horizonte, y creyendo que ha vuelto a perder el siempre soñado paraíso, suspira y sin lágrimas solloza. Como los edenes flotantes del Paraná y del Plata, los artistas de todos los tiempos y países son eternos juguetes de dos corrientes: la una, parecida en su curso a la del blando Paraná, es la suave, pero vagabunda corriente de la imaginación y el sentimiento; la otra, dura, rápida, procelosa como la del Plata, casi siempre azotada por el pampero atronador, es la corriente de la popularidad. Ambas lo llevan, y ninguna de las dos lo lleva a fin moral. Por la primera corriente se va y se llega al culto de lo bello por lo bello, y lo bello por sí mismo no es moral, antes es sacrificio de medios morales por efectos estéticos. Por la corriente de la popularidad se va y se llega a la resonancia del nombre, a la vanagloria y hasta al espejismo de la sana gloria, que solo con la muerte se conquista y solo en la historia y no siempre, irradia; pero a fin moral, es decir, a perfecta realización de la dignidad humana en el ser individual, ni se va ni se llega por ahí.

El artista va al aplauso como la corriente del río va a la mar. Y ¡ay del aplaudido! Podrá no ser casquivano, y salvará su moralidad individual; podrá no ser envidioso, y se evitará faltas y culpas; podrá no ser sensual, y su vida no será una orgía repugnante; podrá no ser codicioso, y no sacrificará su dignidad a su peculio; podrá no ser ingrato, y no afrentará ese vicio a su memoria; pero la moralidad resultante de su vida no corresponderá nunca o casi nunca, a la generosidad de su vocación, ni a la grandeza de su profesión, ni a la dignidad de razón y de conciencia que debe y está llamada a producir una tan elevada dirección de las fuerzas creadoras como las que da el artista su sensibilidad, a su percepción y a su imaginación.

Cultivan las facultades representativas, no las constructivas, y hay cierta fatalidad en la desproporción que inmediatamente se nota entre su personalidad intelectual y su personalidad moral.

Ha habido y hay, especialmente en las dos más nobles artes, la poesía y la oratoria, personalizaciones esplendentes del alto fin moral que tan placentero y tan lógico es presuponer a artes tan humanas; pero la alegría de las excepciones confirma la tristeza de la regla general.

Es verdad, por otra parte, que no son tales excepciones los grandes poetas y grandes oradores que han sido verdaderos grandes hombres, se quiere decir, hombres de constante fin moral, porque las sumas personificaciones en cualquier actividad de razón lo son por ser grandes conciencias. También es verdad que, ciñéndonos al momento en que vivimos, las influencias desmoralizadoras que arrastran a oradores y poetas están en razón directa de la fuerza y la universalidad que el periódico y el telégrafo han dado a la corriente de popularidad. Apenas en nuestros días hay quien resista a la corriente, o quien, dejándose arrebatar por ella, conserve presencia de ánimo bastante para no esclavizarse a la vanidad y para saber que, en las corrientes de la opinión como en las de las aguas continentales, todo pasa a medida que pasa la corriente.

No estando en la naturaleza de poetas y oradores el recordarlo, todo el afán de su vida está en dejarse llevar de esa corriente.

¿Quién no sacrifica a la vanidad? Es natural que seamos todos, pues la misma vanidad, en cuanto exponente de probatividad, como llamaron los frenólogos al prurito de aprobación que inquieta a todos, es un coeficiente de moralidad. Pero ¿quién sacrifica a su vanidad sus sentimientos, su voluntad, sus ideas, sus principios, sus juicios, sus deberes, que merezca el respeto reservado para los que, al contrario, saben sacrificar su vanidad a su conciencia?

Vanidad, probatividad y espíritu de conservación ponen el germen de la envidia en todos los corazones, menos en aquellos que necesitan verse caídos a los golpes de la envidia para convencerse de que existe. Pero ¿qué noble corazón cede a la envidia? ¿Qué conciencia llena de deber puede acceder a sus inicuas sugestiones?

Hechuras de la vanidad y de la envidia, hoy centuplicadas por la fuerza de expansión que les da el ímpetu de la publicidad, los artistas, para ser en lo moral tan dignos como con frecuencia son en lo intelectual, no tienen otro recurso que seguir los impulsos de vigorosa iniciación en la verdad que lleva nuestro tiempo, y ponerse de buen grado, con tanto desinterés del fin exclusivo del arte como quepa y cabe en una noción más elevada del arte, a seguir en su desarrollo el ideal humano. Ese ideal, que nada tiene de vago, que nada tiene de informe, que nada tiene de sombrío, que vale por sí mismo más que el ideal del arte, puesto que el arte es también una parte del ideal humano, contiene abundantemente cuanto el artista necesita para ser elemento activo de civilización, de moralización, de humanidad.

Indicios hay de que el arte vislumbra su destino. ¡Ojalá, para su bien y el de los fines morales de toda actividad humana, que lo vea!

Capítulo XXXIII. La moral y la literatura. La novela

Nadie pretenderá que es digna de un tiempo de razón creciente una literatura tan reacia como la de casi todo el siglo XIX. Se excluye la poesía lírica, no porque haya sido menos corruptora, pues lo exacto sería decir que los más grandes líricos del siglo han sido los más grandes corruptores de su tiempo, sino por haberla incluido ya en el examen de los gérmenes de inmoralidad connatural que lleva el arte.

Se excluyen también la literatura científica y la histórica: la primera, por ya tácitamente examinada al hablar de la ciencia en general; la segunda, porque reclama un análisis particular.

Por literatura, para nuestro propósito, no entendemos ahora más que la novela y la dramática. La novela ha sustituido al devocionario, y es la lectura de la mitad del género humano que lee en los países de civilización occidental; la dramática es la escuela de moral objetiva a que asisten con menos repugnancia los niños, sus padres, sus deudos, sus sirvientes, sus auxiliares en las mil industrias de la vida, y sus mil guías directos e indirectos, desde el maestro de las primeras letras hasta el de la última ciencia, y desde el concejal del ayuntamiento hasta el consejero del primer magistrado.

No se puede, por tanto, dar influencia más extensa que la ejercida por esas dos ramas de la literatura general.

La novela es necesariamente malsana. Lo es dos veces: una, para los que la cultivan; otra, para los que la leen. En sus cultivadores vicia funciones intelectuales, o para ser puntualmente exacto, operaciones capitales del funcionar intelectual. En los lectores vicia, a veces de una manera profunda, irremediable, mortal, la percepción de la realidad. En unos y otros determina un estado enfermizo, que se caracteriza por un apetito desarreglado de sensaciones y por una actividad aislada y solitaria de la fantasía. El hacedor de novelas, víctima inconsciente de su estado psicológico, hace el mundo a imagen y semejanza de su propio estado de razón y sentimiento; por su parte, el lector de novelas busca y pide un mundo semejante al mal imaginado y mal sentido por el novelista.

Mientras tanto, el mundo de la realidad sigue fabricando realidades que, cuanto más obvias son, más repugnan al que vive fuera de ellas.

Esos dos primeros frutos son frutos de mal, porque son frutos de desorden. Desordenan el ser interior, alterando hondamente dos de sus fuerzas más activas, la sensibilidad y la fantasía. Desordenan las relaciones del individuo con la sociedad en que vive, imbuyéndole la fatal idea de que él puede quebrantarlas a su capricho o disolverlas por no corresponder a su idea de la sociedad imaginaria que le han dado.

De esta corrupción del juicio y del sentimiento individual por la novela sería argumento bastante la presencia del *Quijote* en el mundo de las letras, si ese fuera el único género de corrupción que ella pudiera fomentar. Pero en nuestros mismos días se ha probado experimentalmente que son muchos los recursos inmorales que el novelador puede manejar.

Desde el estallido del romanticismo hasta la explosión del naturalismo, el arte de novelar nos ha sometido a tres distintas formas de inmoralidad afectiva e intelectual. Con el romanticismo, nos sacó de la realidad histórica en que vivimos, para hundirnos en otra realidad histórica, pero falseada: fue el florecimiento de lo bello monstruoso, o de lo monstruoso embellecido o de lo bello abortado de lo falso. Con el realismo, primer derivado del romanticismo en su transacción con la realidad social y humana, nos dio la fisiología de cuantas pasiones, crímenes y morbosas exhalaciones de la sociedad encontró en el triste medio social, que son las naciones europeas del mediodía y de occidente. Con el naturalismo está dándonos la segunda evolución del romanticismo, y romantizando, haciendo romántica, tratando de hacer bellas y amables las groserías y las bestialidades de la naturaleza humana y de la realidad social.

El arte, aunque sea descabellado, y lo bello, aunque sea desproporcionado, tienen siempre algún buen fin, o cuando menos, alguna buena intención, y en ese sentido algo tienen de intrínsecamente moral. Así, no se puede ni se debe negar que cada una de las formas contemporáneas de la novela tiene su buena intención particular, y que todas ellas juntas han tenido la benévola intención de contribuir, por medio de la historia ficticia, a consumar la destrucción de las imperfecciones sociales de que es impopular e inaccesible exponente la historia real.

Pero, independientemente del mal consubstancial a la novela, cada uno de los géneros particulares que se han cultivado, desde el romanticismo hasta el naturalismo, han producido daños positivos a la moral. El romanticismo enseñó a amar como solo se ama en el aire; a sentir penas, contrariedades y alegrías, como solo se sentirán en el limbo; a vivir, como en Babia. El realismo de novela dio de la sociedad un trasunto tan parcial que hizo responsable de todo a la sociedad, irresponsable de sus torpezas o sus culpas al individuo; víctima del estado social a los perversos, a los ignorantes, a los culpables, a los criminales. El naturalismo ha empezado ya a hacer responsable de todo a la naturaleza, y va a concluir por hacerla odiosa.

A cada uno de esos movimientos literarios corresponde una fase del desorden moral en que vive Europa meridional y que, desgraciadamente, trasciende a los pueblos niños de América Latina. El romanticismo violenta los sentimientos, falsea las pasiones y altera la noción intuitiva de las virtudes y los vicios. El realismo altera la realidad social, desproporciona las causas y los efectos del mal social, aumenta los descontentos, injustos e ilegítimos, exagera los dignos de piedad y ayuda, y desconcierta la relación de medio y fin que ha de tenerse continuamente en cuenta para que el arte, en cuanto a su fin estético, produzca lo bello bueno, y en cuanto a su fin ético, produzca lo bueno bello. El naturalismo desordena la naturaleza misma, y hace el mal de desvirtuar el fin que el arte literario puede y debe tener de concurrir con la ciencia a la formación del sistema de pensar contemporáneo.

Aún hay otros dos géneros de novela, o más bien tres, que conviene presentar bajo su faz moral.

El primero es ese romanticismo pánfilo con que los llamados católicos nuevos (*neocatólicos*, en España), han intentado reaccionar contra las tendencias generales de la civilización moderna. Este género de novela no tiene ni el mérito ni la justificación de sus audacias. No el mérito, porque la forma es tan pánfila como el fondo; no la justificación, porque la tesis (la abominación de los progresos de la edad) es audacia tan insensata como la antítesis (las beatitudes de la edad pasada).

El segundo de esos géneros de la novela es la histórica. Es un doble falseamiento: de la historia, porque la trunca; de la novela, porque la desnaturaliza. Sin embargo, salvo el daño de la pérdida de tiempo y el aún mayor de inculcar errores perniciosos en lo referente al curso de la historia, que nunca ha sido ni será el curso fluente de la novela hacia su desenlace, ese es el modo de novelar menos pernicioso. Si pudiera mantenerse en límites tales que se deslindara claramente, por la habilidad de la ejecución, lo propio del historiador de lo propio del novelador, tal vez podría ser un género importante de literatura.

La última tentativa de la novela es la más peligrosa por lo mismo que parece la más racional. Es la tentativa de novela científica. Como el niño a quien se engaña con colores, aromas y confituras para obligarlo a que sorba una poción amarga o repugnante, el novelista científico empieza por engañar a su lector para atraerlo a la trampa que le pone, y empieza por hacer a la ciencia la injusticia de suponer la trampa a que hay necesidad de atraer al lector. El resultado es el de toda trampa: cuando se sale de ella, se sale para evitarla en lo sucesivo con el mayor cuidado. Y claro es que siendo la trampa, en este caso de la novela científica, la ciencia misma, la ciencia es lo que después evita con más cuidado el lector de esas novelas. Y ¿para qué ha de buscarla? ¿No la tiene en las novelas y no es más fácil en ellas?

Este inmoral resultado de distraer del estudio sincero y desinteresado de la ciencia que tiene la novela científica, es resultado común a toda novela en lo que respecta a la buena lectura. Leer imaginando es más fácil que leer pensando.

Pero hay, en la producción de la novela y en el uso de ella, dos disipaciones, perniciosísimas las dos, que deben alarmar a la ciencia del Estado y a la ciencia de la sociedad, como alarman a la moral: la disipación de fuerza moral y disipación de tiempo.

Es increíble la cantidad de entendimiento, de sentimiento y voluntad que se pierde casi inútilmente en la redacción y en la lectura de novelas.

Entre los novelistas ha habido y hay intelectualidades sorprendentes: las unas, por la viveza de imaginación; las otras, par el rigor de observación; algunas, por la potencia inductiva; casi todas, por la potencia asimilativa. En algunos géneros particulares, el naturalista, por ejemplo, se requiere en la razón, consagrada a cultivarla, una disposición analítica y un ejercicio del análisis tan escrupuloso, que no se puede menos de lamentar la pérdida de entendimiento que es para la ciencia esa dedicación de tan fuertes talentos analíticos a la disección de hechos sociales que la novela adultera, aun no queriendo, y que la historia y la sociología aprovecharían.

La misma conversión del realismo romántico en naturalismo indica un esfuerzo de razón científica que, distraída de su objeto propio y de su actividad connatural, es un hecho de inmoralidad cuando, con solo dedicarse a su genial actividad, sería un hecho moral.

Efectivamente, a la concepción del arte naturalista no se ha podido llegar sin previo reconocimiento de la excelencia de intención y resultado que tiene y obtiene la ciencia positiva en el análisis experimental de la naturaleza, y sin inducir del hecho consumado en el campo de la ciencia un principio fundamental de arte, del cual tendría que derivarse una teoría de lo bello natural, un método artístico para realizarlo, y un conjunto de reglas prácticas para incluir en la ejecución estética el principio lógico.

Sin duda que el esfuerzo inductivo que ha habido necesidad de hacer para llegar a la concepción del arte naturalista, no es la inducción científica, sino aquella forma inicial, infantil, oscura y vaga de inducción que es como el peristilo de esa función intelectual; mas no por eso ha requerido menos la concepción y la ejecución de la novela naturalista un esfuerzo de alta razón, que es deplorable emplear tan en vago y con fruto tan contrario al de la noble función intelectual a que se está empezando a deber la transformación científica del mundo.

Ese malogro de potencia intelectiva, adicionado al de potencia afectiva que noveladores y lectores disipan en los argumentos pasionales de todas las novelas, sería bastante para desconceptuar ante la moral ese género de literatura, si otra más grande disipación, por ser más universal, la de tiempo, no hiciera de la lectura de novelas un formidable auxiliar de inmoralidad.

El tiempo es vida, y consumir el tiempo en no hacer lo que se debe, es consumir inútilmente la existencia. Tanto y tan hondamente sienten esa verdad todos los ociosos, que se mueren vivos del tedio de no saber vivir. Por eso se mueren de fastidio de sí mismos los lectores consuetudinarios de novelas, para quienes el tiempo por emplear es siempre una incógnita, y el tiempo empleado un perpetuo acusador.

Si se reunieran en una sola dirección científica o artística las fuerzas mentales que malgasta el escritor de novelas, el mal hecho por medio de ellas al orden económico y social, se convertiría en bien efectivo para el desarrollo sin desviaciones de la sociedad. Si se aunaran en un solo esfuerzo las actividades económicas que se pierden por la legión de ociosos que lee novelas para gastar el tiempo que no sabe emplear en ningún otro esfuerzo, se duplicaría de súbito la potencia industrial de las naciones latinas.

De las naciones latinas, y no de las sajonas, escandinavas o teutónicas, porque aunque estas leen novelas, no emplean horas continuas, días enteros, meses sucesivos en leer sin descanso, o sin ninguna otra ocupación, libros de entretenimiento y de placer que no deberían representar en la obra de las horas, de los días, de los meses y los años otra inversión de tiempo que los momentos de ocio necesario en el seno de la familia en los momentos de la noche que se consagran al hogar.

De este modo, y comentada, la lectura de la novela podría ser un útil estimulante intelectual y un benéfico recurso de sociedad doméstica.

Por haberle dado este objeto final es por lo que los pueblos del Norte de Europa han atinado con un género de novela moralizadora, no porque su objeto sea la sandia predicación de virtudes, sino por lo espontáneamente que en ella se objetivan como fáciles ejemplos de la vida diaria, las inclinaciones buenas y malas de la familia humana en todas partes y las peculiares al modo de existir y de entender la vida que tiene la familia septentrional.

Ni la moral ni la crítica pueden pedir al arte lo que no debe el arte dar. El objeto substancial del arte literario, como el de todas las artes racionales, es la busca de lo bello, y si lo bello se encuentra en la indagación, observación, análisis y presentación de las deformidades de la vida colectiva, ahí debe el arte buscarlo: aún habrá moralidad subjetiva y objetiva en ese empeño, porque la verdad es siempre un bien, y lo practica quien la enseña y quien la aprende. Pero si el aforismo de Boileau (*rien n'es beau que e vrai*) es el guía práctico del arte contemporáneo, y, siguiéndolo, realiza una fecunda evolución ¿por qué no se ha de seguir el aforismo consubstancial de la estética en todas sus manifestaciones? Si el preceptista reclama verdad en la belleza, la estética reclama bien. Si el uno dice que «nada es bello sino lo verdadero», la otra afirma concienzudamente que «solo es bello lo que es bueno». Oponer uno a otro principio, sería mutilar el arte: combinarlos, será completarlo. La novela, género que aún dispone de vida, porque aún dispone de contrastes entre lo que es y lo que debe ser la sociedad humana, puede contribuir a que el arte, siendo verdadero y siendo bueno, sea completo. Entonces será un elemento de moral social. Cumpla con su deber, y lo será. Mientras tanto, no lo es, entre otros, por ese motivo final: porque no cumple con su deber.

Capítulo XXXIV. La moral y la literatura. la dramática

Todas las artes racionales son artes sociales. Consecuentemente, todas son artes morales. Para serlo, les basta su refluencia sobre el ser social. La lírica refluye, porque agita, conmueve y sobreexcita las raíces de todos los problemas de la vida social, latentes en el fondo del individuo humano. La épica refluye, porque estremece en el individuo nacional las fibras que la lírica agita en el humano. El arte histórico refluye, porque hace vibrar en cada individuo los nervios de la especie entera. La novela refluye, porque convierte en historia simulada la continua vida íntima del elemento y de los grupos de sociabilidad que la historia incompleta no ha coordinado todavía con la vida externa de la sociedad general.

Pero entre todas las artes de razón, la más social, por ser la más objetiva, es la dramática. Todo arte requiere de sus apreciadores o inteligencia o gusto. El arte dramático no exige más que ojos en la cara y nervios en el gran simpático: ni siquiera los reclama en el cerebro. De ahí la universalidad, y de ésta, la infalibilidad de su influencia, primero, sobre el individuo, de su refluencia, después, sobre la sociedad en masa.

Mucho mejor que la antigua, sabe la dramática moderna esta verdad. La sabe hasta el punto de no ocuparse de otra cosa que de producir efectos. Naturalmente, al producirlas, afecta la sensibilidad física más que la moral, la imaginación más que la reflexión, el ser animal más que el ser intelectual.

Esa primera desviación de su propósito esencial constituye a la dramática contemporánea en reo de una de las más perniciosas formas de inmoralidad: la forma intelectual. Haciendo por egoísmo o interés lo contrario de lo que conoce que es su deber, es inmoral.

Pero si por intensidad es perniciosa, esta inmoralidad de la dramática no lo es tanto por su extensión. Se extiende a pocos por ser pocos los capaces de apreciar la relación entre lo que hace y lo que debe hacer el arte dramático como tal arte.

Cuando se extiende a todos, y a todos alcanza y a todos daña, y sobre todos refluye su inmoral acción, es cuando, como sucede en el teatro contemporáneo, en vez de objetivar toda la vida del ser social, y hacer de toda ella el resorte del movimiento estético, convierte una sola pasión en invariable *deux ex machina* de todos sus efectos, de toda su acción, de todo su movimiento patético.

Y esa pasión, adulterada. Y no cual la han adulterado desde el primer día del drama natural de la existencia las pasiones afines, los instintos próximos, los egoísmos que la cercan, los intereses malsanos que procrea, sino como la adultera la vida artificial de las ciudades populosas, y mucho más exactamente, la vida sensual de las ciudades crapulosas de Europa. La pasión así adulterada que sirve de materia dramática, es el amor sexual.

Parece que una humanidad afeminada, por falta de conocimiento de sí misma, no concibe nada ni intenta nada, ni realiza nada sin indicación de ese instinto, porque tal nos lo presentan, que ya no es sentimiento, sino instinto.

Una vez es la meretriz que lo despierta, y entonces es redentor: mujer liviana redimida por pasión liviana.

Otras veces lo inspira un criminal, y entonces es regenerador: como algunos regeneradores de América Latina, regenera envileciendo.

Otras veces lo inspira la celebridad, y entonces es sacrificio: como todas las virtudes de aparato, lucha para que la venzan.

Cuando no es tanto, el amor teatral es menos que instinto, es pura tontería, o más enérgicamente, impura tontería: lo que no se va en suspiros, se va (sobre todo en el teatro español), en respiros líricos. Si se le ve pasar del sentimentalismo, de seguro no se verá nunca pasar el amor teatral a verdadero sentimiento. Para eso es necesario remontarse a Shakespeare.

Pero no ha bastado a la dramática contemporánea el dar al amor el monopolio dramático. Tal es esa pasión, y tan profunda raíz de nuestra vida, que, entrelazada como va por el mundo a cuantos motivos pasionales y volitivos tiene la naturaleza, y a muchos de los que tiene la razón, y a todos los que se dramatizan por su contraste con el deber en la conciencia, y a tantos cuantos son manifestaciones de la vida colectiva, hubiera bastado el verdadero amor para llenar toda la dramática en todas sus evoluciones.

Mas no es esa fuerza estética la conocida ni manejada por el teatro de nuestros días. El amor que él conoce, que él objetiva, que él sustantiva, que él adjetiva, que él explora, que él explota, es el amor adúltero. Siempre, o casi siempre, es él la razón dramática. Cualquiera sea por otra parte el elemento intelectual que entre en la composición, el resorte es el adulterio. Cualquiera

166

sea la intención dramática, la enseñanza es el adulterio. Cualquiera sea la acción, aunque sea eminentemente social, es decir, aunque exponga fuerzas sociales en movimiento, aunque sean pasiones sociales las objetivadas por el drama, el motivo o la consecuencia de la acción es el adulterio.

A la verdad, la familia latina no está tan sólidamente cimentada en hábitos tradicionales de trabajo, obediencia, sacrificio y educación como la familia teutónica y escandinava, ni tiene una base jurídica tan firme como la familia anglosajona; por sus tendencias intelectuales y sociales, por su misma sensibilidad externa, demasiado expansiva para ser muy intensa, la familia latina de ambos mundos está ligada por vínculos menos estrechos que las tres con quienes comparte el dominio de la civilización actual. Pero aunque su único verdadero lazo de unión sea el afecto, y el afecto no es tan resistente como el derecho o como la educación que lo confirma, no se puede asegurar, ni aun en tesis dramáticas, que la familia está de continuo expuesta a verse disuelta por el adulterio. A lo sumo, será verdad que acontezcan frecuentes casos de disolución o de amenaza de disolución de matrimonio en las ciudades necesariamente crapulosas, en donde la competencia por el parecer es tan bestial como la competencia por el ser. Pero las ciudades que capitalizan las influencias generales de una sociedad no son la sociedad, y hay que pedir cuenta al drama moderno de su idea de sí mismo.

Si lo que idea es producir efectos patentizando los riesgos a que la inmoralidad inconsciente de los centros populosos y crapulosos expone a la familia, bien mezquina es su noción de la fuerza moralizadora del teatro, cuando se circunscribe a formas artificiales de la vida; es decir, a las que toma en las cortes monárquicas o en las semicortes de una república embrionaria: así circunscrita, la influencia del arte dramático no puede trasponer los límites de esos medios sociales; y si los traspone, es para mal. La influencia de la dramática francesa (con más exactitud, de la dramática parisiense), no ha podido, al trasplantarse, ser más perniciosa. Cuando menos, y por lo que dice relación al solo fin del arte como arte, ha corrompido la inspiración nacional de los dramaturgos del Norte y ha empobrecido la *vis dramática* del teatro español.

Si la idea que de sí misma tiene la dramática es la que tenemos todos, la que es su propio fin, tiene entonces capacidad moralizadora y puede y debe y es bueno que la despliegue en la objetivación viva y activa de los males sociales que por inducción e irradiación se derivan de una mala organización de la familia o de las causas de su desorganización.

Dado o supuesto a la dramática contemporánea ese propósito, y siendo, como efectivamente es, bueno y dramático, dos veces bueno, ante la moral y ante el arte, parece increíble que no haya sabido cumplirlo ni sacar de él la multitud de recursos que contiene. Parece increíble, pero es natural, que no haya sabido utilizar su propósito. Inspirándose en el artificio de una vida como la en que se inspira, la dramática contemporánea se olvida o se aleja constantemente de su objeto; como consecuencia necesaria, no lo alcanza.

Bastaríale reflexionar en los motivos que han hecho de la constitución de la familia la fuente dramática de nuestros días, para fecundarse en ellos.

¿Por qué trata de dramatizar el artista los conflictos, congojas, angustias y catástrofes a que vive expuesto en los centros malsanos de sociabilidad el principio de familia? ¿Por qué promueven el interés dramático? No por solo eso, porque el fin del arte dramático no es solamente el drama, que lo es también la lección del drama. Pero asintamos a la idea del arte por el arte y desliguemos de todo compromiso con la moral a la dramática: utiliza los motivos dramáticos que le ofrece la vida de familia, porque promueve el interés dramático, está bien. Pero, ¿y por qué promueve ese interés? Porque las peripecias del hogar mal constituido ponen a prueba el talento del artista. Mucho talento, efectivamente, se ha malgastado en la exposición dramática de esa vida artificial; pero en mucho mayor y más abrumadora cantidad se ha producido el fastidio y la monotonía del mismo asunto, las mismas ideas, las mismas apelaciones a la lírica, los mismos recursos teatrales, las mismas inverosimilitudes y la misma desnaturalización de la naturaleza a que, en apariencia, quiere ceñirse el artista.

Si el interés dramático se promoviera por solo el partido que el drama- turgo moderno supiera sacar del mal que expone, por lo que hace al arte, bastaría: habría alcanzado a conmover. Pero no conmueve casi nunca y casi siempre fastidia. Y sin embargo de que se repite de continuo, promueve el interés. ¿Por qué? Obvia la razón: porque es un interés humano, un interés social, un interés de todos y de cada uno, un interés de razón y de concien- cia, de sensibilidad y voluntad, de instinto y de moralidad, de derecho ley, de presente y porvenir, que no está localizado en Francia, Italia, España, ni amoldado a los moldes particulares del vicio en Berlín, Viena, Londres, Madrid, y, sobre todas, la capital del vicio y la virtud, París, sino que trasciende a todo el mundo civilizado, porque en todo el mundo civilizado está todavía pendiente el problema de ajustar la vida íntima del hogar y las relaciones del hogar con las sociedades exteriores a la reforma de vida y pensamiento que ha producido el nuevo sistema de pensamiento y vida.

En la parte de Europa, en donde la familia tradicional tiene raíces suficientes para resistir el ímpetu perturbador, no son los cuadros disolventes, sino al contrario, los apacibles cuadros de la vida patriarcal, los que promueven el interés dramático. En la única sociedad, los Estados Unidos, en donde todas las instituciones de la vida se han transformado sin necesidad de reformarse violentamente al ímpetu de nuevas corrientes de ideas, no puede haber interés dramático en la representación de las convulsiones del hogar doméstico, porque estando firme el hogar, no hay interés social. Tan escrupulosamente exacta es la afirmación, que es experimental. Solo en Nueva York pueden representarse los dramas europeos, y ni aun en Nueva York los entienden bien. Se ha visto allí, entre otras, recusada por el público, una de las más ingeniosas composiciones del teatro español contemporáneo, sencilla y exclusivamente por no entender el público que un caso de adulterio puede inspirar interés a una sociedad dueña de sí misma, en donde hay recursos y se han puesto en juego, para que la institución del matrimonio se ajuste a las demás instituciones del derecho y para que los vicios solo ejerzan en él la perturbación excepcional que es de eterna experiencia esperar que germinen donde quiera.

El interés dramático del adulterio no puede inspirar otra actividad estética que la de aquellas sociedades en donde las instituciones aún subsistentes del pasado no tienen raíces en el corazón del pueblo, o la de aquellos en donde las preocupaciones románticas han podido coexistir con las tendencias positivas, por no haberse perfeccionado con el derecho nuevo.

La tesis dramática, según se desprende del teatro contemporáneo, es ésta: No hay familia: no habiéndola, ¿cómo se llega a ella?

La tesis, aunque incompleta, está bien en su parte negativa. No hay familia en las ciudades crapulosas, y es necesario que el arte, como todo, contribuya a decir cómo se reconstruye la familia. Pero el desarrollo de la tesis es absurdo. Si de lo que se trata es de contribuir a reconstruir, ¿cómo se empieza por destruirlo todo, de cimiento a cornisamento? El interés dramático no podrá estar en destruir, y no ha estado. El teatro, por tanto, en vez de animarse con la fuerza del propósito nuevo que traía, ha languidecido y languidece. Y seguirá languideciendo y fastidiando mientras persista en su obra negativa. Recursos abundantes para emprender la obra positiva le proporcionan de consuno su propio fin estético, su fin ético y su fin social, aunque se reduzca expresamente al que en la actualidad se atribuye.

En la familia, en el hogar universal, no el desorganizado de las grandes ciudades europeas, hay motivos de drama, de influencia dramática, de enseñanza por medio de la dramática, que son muy más poderosos, muy más íntimos, muy más universales, muy más humanos que el amor fiel o que el amor infiel. Con el problema de la educación, entra en las corrientes más humanas de este siglo; con el problema del derecho interno del hogar, la igualdad de los cónyuges entra en la corriente del derecho positivo; con los problemas que en él suscita el conflicto de deberes, entra en la vorágine de la libertad revolucionaria; con el problema de la lucha biológica, entra en la sirte del movimiento económico.

El hogar, puesto en peligro por una educación mal concebida y mal dirigida, ya en el sentido de las ideas pasadas, ya en el sentido de las ideas modernas; quebrantado por la permanencia de la autoridad arbitraria o por la lucha de autoridades mal definidas por la ley o mal concebidas por la educación; desolado por el sacrificio del bien doméstico al bien público; angustiado, amenazado, condenado a derrumbarse por las violentas refluencias del oleaje económico de la sociedad sobre él, es infinitamente más dramático que el hogar mal constituido, porque es más real, más social y más moral. Los encantos y los beneficios del arte no están en el usufructo que él logra hacer del desorden circunstante, sino en patentizar con objetivaciones palpitantes los dolores y los peligros de la alteración del orden moral en cualesquiera actividades de la vida de relación humana.

¿No hay una lucha de sistema de pensamiento contra sistema de pensamiento, de ideas religiosas contra ideas religiosas, de derechos contra derechos, de Estado contra Sociedad, de Sociedad contra Estado, de tradiciones contra innovaciones, de vida vieja contra vida nueva? Mostrarla, arrojándose en la liza y siendo los primeros en mostrar cómo se lucha por el bien contra el mal para ser más hombre, para ser hombre de los nuevos tiempos, ¿no es más digna empresa, y siendo más digna, no es más moral?

Pues ¿por qué no la acomete la dramática moderna?

Capítulo XXXV. La moral y la historia

La Historia, exposición de la vida de la humanidad como en esencia es, presenta de bulto los bienes y los males producidos por el hombre en el planeta. En el primer momento parece que los males superan a los bienes: tantos son. Pero bien analizados, bien clasificados, bien referidos unos y otros a sus causas y a sus efectos, tanto es el bien como el mal. En cierto modo, mayor la cantidad de bien que la de mal, porque, al fin y al cabo, el bien ha podido flotar y conservarse en la estupenda oleada continua de males que han caído sobre el hombre.

Primero fue la naturaleza, la sorda naturaleza que *miserar non sá*, y la lucha fue despiadada y secular, no ya solo de los tiempos ante-históricos, sino de los históricos. En todo comienzo de las gentes consta esa lucha formidable: algunas veces, como en los comienzos de la gente china, se puede seguir paso a paso y admirar y bendecir la fuerza de resistencia opuesta a los impulsos destructores por los impulsos constructores.

Después fue la ignorancia, y la lucha se estableció a brazo partido entre la oscuridad del entendimiento no advertido por la luz que irradiaba desde la naturaleza misma la verdad, y la claridad de los fenómenos no comprendidos: siglos y siglos de esfuerzo ha costado, está costando y seguirá costando el vencer a ese enemigo: pero al fin se vencerá. Luego se presentaron las pasiones humanas en tropel, y la lucha tuvo por palenque el mismo inaccesible interior del ser humano: formidable enemigo de sí mismo ha sido el hombre, pero se va venciendo a sí mismo. Más tarde comenzó la lucha del hombre disociado con el hombre asociado, y fue terrible: nunca se ha podido saber quién ha sido más salvaje en esa lucha, si el civilizado que hostiga al salvaje o el salvaje que destroza al civilizado, pero prevalece el que dispone de más bienes.

Ya hace mucho tiempo que las naciones luchan entre sí, y todavía no se columbra el día de razón en que hayan de concertarse en la civilización, en el deber y en el derecho, pero se trabaja sin descanso en eso. A toda hora, en toda tierra, con estos o con aquellos medios, siempre trabaja el mal; pero a toda hora, en toda tierra, con los mismos recursos que emplea el mal, trabaja el bien.

Pero, en primer lugar, esa descomposición intelectual de los componentes de la historia no alcanza todavía a la razón común; y en segundo lugar, el historiador común no alcanza tampoco a elevarse por encima de la razón del vulgo, de donde resulta que la historia escrita por los narradores, y la vista en ellos por el vulgo, es la historia del mal, no la del bien. Es, sobre todo, la historia de los malvados. Dicen que de malvados en quienes invariablemente concurrieron grandes aptitudes; pero el hecho es que fueron malvados. Y no es lo malo que fueran poderosos para ser malvados o que aprendieran a malvados para hacerse poderosos, sino que fueron y son tan adulados por la historia narrativa y por la historia crítica, que es imposible que se olvide la lección.

Cuando una fuerte individualidad, por el hecho de no haber sabido desarrollarse en el bien, ha perdido en realidad el mérito que hubiera podido tener ante la conciencia humana, la historia la toma, la manipula, la alarga, la acorta, la somete a la acción del medio histórico, exagera los bienes, disminuye los males de su conducta, la exculpa, la disculpa, la absuelve y la manda a gobernar espíritus desde la posteridad, como gobernó carneros desde la actualidad en que vivió.

La sencilla narración primero, la crítica histórica después, han laborado por el mismo fin inmoral de la Historia; y hasta la filosofía que sobre ella se ha fundado ha querido contribuir a la inmoralidad resultante de la vida y del modo de interpretar la vida del hombre en el planeta; porque cuando no ha tenido un prejuicio filosófico, ha tenido un prejuicio nacional con que adulterar la finalidad moral de la enseñanza histórica.

Ahora no se habla ni se habla de los que en la historia se proveen de hechos e ideas, diagnósticos y pronósticos, juicios hechos y verdades formuladas, con el objeto de rellenar su kaleidoscopio intelectual, porque para ellos y por ellos es la historia la más incierta visión, la perspectiva más cambiante, la más inmoral sucesión de juicios contradictorios, de causas sin efectos o de efectos sin causa, o de causas sin su efecto positivo o defectos sin su causa natural.

No se hable tampoco de la historia de que hacen uso los políticos de oficio, por quienes y para quienes la historia es el justificador universal de cuantas aviesas intenciones han tenido contra el derecho individual o nacional los enemigos del derecho.

De la que emplean en sus defensas de la verdad revelada los intérpretes universales de esa verdad, no es historia de que puede beneficiarse la moral, a menos que sea una moralidad y un beneficio el incesante trabajo empeñado por ellos en probar que a los seres racionales se debe empezar por arrancarles la razón para poder someterlos al régimen de las ideas trascendentales y a la disciplina de autoridades extrahumanas.

Si, pues, la historia por sí misma, en cuanto balumba de hechos heterogéneos, tan capaces de argüir con el mal como con el bien, más por el mal y contra el bien que por el bien y contra el mal, es exponente de inmoralidad, y a la corta vista de los vulgos todos aparece como muda expresión de la incapacidad del hombre para el bien; la historia de narradores, críticos, filósofos, artistas, políticos, teólogos, imbuye en el corazón o en la cabeza una tal muchedumbre de juicios erróneos, juicios de buena fe o de mala fe, que concluye por ser imposible saber a punto fijo qué ha sido el hombre histórico, y aún más imposible el saber qué son los hombres sobresalientes en la historia.

Tal vez este último es el mayor peligro que ofrece a la moral la historia en uso. Si ella con su relato enseña que la inmensa mayoría, la casi totalidad de los hombres admirados en la historia, principalmente en la actividad más capaz del mal, que es la del poder, han sido hombres perversos, ya en toda la serie de actos que constituyen su vida, ya en los que los condujeron al poder y los mantuvieron en el ejercicio del poder; y si esa misma historia, con sus juicios o con sus excusas, intenta hacer creer que esos mismos hombres o fueron necesarios o fueron hechura de su tiempo, de las circunstancias en que se formaron, de la misma sociedad que los formó, y que, en definitiva, no son hombres tan malos como cree el buen sentido común o la humilde conciencia, y hasta se les puede considerar como hombres de mérito moral y hasta de mucho mérito moral, porque fueron generosos servidores del orden o del progreso o del derecho o de la civilización, y fueron muy diligentes, muy activos, muy clementes, muy magnánimos, muy hábiles, muy perspicuos, muy genios, muy genios sobre todo, y genios en todo y para todo, como guerreros, como legisladores, como políticos, como estadistas, como administradores, como jurisconsultos, como penalistas, como pobladores, como colonizadores, como civilizadores.

Esas figuras, que el simple relato denuncia como oscuras sombras de la especie humana, se fabrican a vista de la misma generación que las maldice o las desprecia, y mientras son ejemplo vivo o muerto de todas las perversiones en sí mismas y sirven como de resumen a todas las perversiones de su tiempo, la historia complaciente las eleva a la categoría de semidioses, y la crítica, por no parecer parcial, y la filosofía de la historia, por no parecer incapaz de encerrar en el cuadro de las grandes fases de la vida humana que resume las figuras contradictorias de su tesis que se le presentan al paso, las coge, las deforma, las reforma, las violenta y las obliga a que representen a la humanidad de un tiempo dado cuando solo fueron vergüenza de la humanidad de todos los tiempos.

Ese espectáculo de los hombres en la Historia es profundamente corruptor, no tanto porque el hombre haya sido tan malo como aparece, cuanto porque se empeña, si fue grande, feliz o poderoso, en hacerlo aparecer como no fue; y si fue el verdadero fabricador de los progresos de su tiempo, el civilizador de todas las edades, el trabajador de ayer, de anteayer, de siempre, el cargador de todas las responsabilidades, la víctima de todos los abusos, el luchador de todos los derechos, el cumplidor de todos los deberes, entonces ni nombre tiene. Y como no es justo que se ignore quién hizo lo que hay de sólido, es decir, lo que hay de bueno en cualquiera época de la historia, le dan el nombre de uno de los usurpadores de derecho, o de algún devorador insaciable de vidas humanas, y la narración, la crítica y la filosofía se quedan muy satisfechas de sí mismas.

No así la moral, que no puede ver con ojo tranquilo esa deformación de la figura humana, embellecida cuando es fea y repulsiva, afeada o recortada cuando es bella y atractiva, siempre diferente en la historia de lo que fue en la realidad. La ciencia de la historia, que ahora nace y que empieza a formar de la vida de la humanidad una historia de la actividad parcial y universal de esa vida, cuidándose poco de los hombres o solo cuidándose de ellos para presentarlos como factores de desarrollo cuando supieron ser hombres, o como obstáculos a ese desarrollo cuando fundaron su fuerza y su poder en la debilidad de todos, es historia que no tardará en moralizar al historiador, y por medio de él a las generaciones que reciban las influencias de la historia, porque es sencilla, benévola, bien intencionada y se funda en la realidad de la naturaleza humana y en la no menos moralizadora realidad de la convergencia de toda actividad y todo hombre en el fin de hacer mayor la suma de bienes que la de males.

De aquí a entonces, aún hay tristeza moral que devorar cada vez que se cuente con la historia para hacerla contribuir al mejoramiento de los hombres.

Capítulo XXXVI. La moral y el periodismo

I

El periodismo es, entre todas las instituciones auxiliares del derecho, la que más le ha servido algunas veces y la que más continua y eficazmente podría servirle siempre.

Cuando habla, su voz tiene la fuerza de cien voces. Sus razones tienen el peso de la razón colectiva. Sus protestas imponen como si salieran de la conciencia colectiva.

Es más: digno o indigno de su fin, el periódico es siempre conciencia, razón y opinión pública. La única vez en que, fuera de los tumultos extraordinarios del espíritu social, podemos a punto fijo saber, o a lo menos, sentir lo que es opinión pública, lo que es razón común, de que es conciencia colectiva, es cuando vemos exteriorizadas en las hojas del periódico esas fuerzas.

Nació para el derecho por esfuerzo del derecho; pero no es esa la única manifestación del periodismo ni es hoy la más extensa. A medida que el derecho aumenta, el periodismo, consagrado exclusivamente a propugnar por el derecho disminuye. Y en sentido inverso, a medida que disminuye su ingerencia en la vida militante del derecho, aumenta su influencia en la vida general. Es, a la vez, servidor de todas las industrias, de todas las profesiones, de todos los talentos, de todos los inventos, de todo descubrimiento, de toda ciencia, del arte bello, del arte industrial, del trabajo, del trabajador, del capitalista, de la propiedad, del desposeído, del despojado, del feliz, del desgraciado, de la beneficencia y los beneficios, de ricos y pobres, de pueblos y pobladores, de civilizaciones y civilizadores, de lo bueno, de lo bello, de lo verdadero, de lo justo, de lo grande, de lo serio, de la alegría, del placer, de las victorias, de las ovaciones, de la guerra, de la paz, del estruendo, del reposo, de la vida, de la enfermedad y de la muerte.

Esa su capacidad de aplicarse a todo y de servir como hoja, como folleto, como revista, todos los días con el diario, cada semana con el semanario, cada quincena o cada mes con la revista, en urgencias imprevistas con la hoja suelta, en oportunidades calculadas con el opúsculo, a la suerte de las doctrinas, a la vindicación de ideas o personas, a la exposición reflexiva de sistemas al interés de grupos u opiniones sociales, al diario batallar de las ideas, ha sido a la vez la causa del bien y del mal hecho por el periodismo.

Sintiéndose una fuerza, la ha desplegado ciegamente. En vez de dirigirla para hacerla útil, tanto decimos, para hacerla social, se ha dejado dirigir por ella, haciéndola menos social y menos útil.

Según el medio sociológico, así ha operado en una de estas dos direcciones: o en la dirección del poder, o en la dirección del lucro. En los países desorganizados, a medio organizar o sometidos al proceso de una organización penosa, ha tomado la dirección del poder. En los países constituidos definitivamente, o tan definitivamente que pueden considerarse en equilibrio estable, ha tomado la dirección del lucro.

Al dividir su fuerza, se ha debilitado. Fuerza política, ha servido para empujar hacia el poder, más no para enlazar en los múltiples intereses de la vida del Estado y de la sociedad a las agrupaciones en cuyo favor ha trabajado. Fuerza industrial, ha servido para enfrenar con los intereses que representa el desenfreno natural de los que luchan por el poder, más no para servir de norma jurídica a los intereses económicos.

Cuando toma la primera dirección, el periodismo contribuye a la disociación, por tanto al mantenimiento de la inmoralidad pública, favoreciendo el desenfreno de las pasiones políticas. Cuando sigue la segunda dirección, desmoraliza también, atribuyendo a los intereses un predominio que no deben tener sobre el derecho. En el un caso, el periodismo empieza o acaba, si victorioso, por ser cofundador de personalismo o tiranía; si vencido, por ser favorecedor de la anarquía. En el otro caso, acaba por donde empieza: por ser adulador de los bienes materiales y de los afortunados, individuos, grupos o naciones, que han llegado al término de sus satisfacciones materiales. El periodismo instituido por el afán de poder es una lección diaria, semanal o quincenal, pero continua en sus efectos, de inmoralidad intelectual que es de las peores, y de falta de carácter, que es el peor ejemplo de inmoralidad. Siendo tornadizo su objetivo, que es el poder, su criterio se hace tornadizo. Y como opera sobre una muchedumbre, que no es solamente la formada por el partido político a quien sirve, o por el Gobierno que sostiene, sin la innumerable muchedumbre de lectores a quienes presenta formada una opinión, afecta a la razón, al juicio y al sentido común de esa muchedumbre.

Lo bueno ayer, es malo hoy; el vaticinio de hoy será ludibrio gitanesco de mañana; la verdad pasada, mentira presente; la alabanza de un día, vituperio del siguiente, y los hombres y las ideas y las cosas que no cambian por estar firmes en sí mismos, alternativamente bendecidos y maldecidos, más maldecidos que bendecidos, por ser mayor número el de las veces en que su firmeza obsta a la liviandad de los juicios de partido. El periodismo instituido por el afán de lucro es también una lección continua de inmoralidad de sentimiento y voluntad; inmoraliza los sentimientos públicos, porque es una predicación incesante en pro de todos los éxitos, y escarnio frecuente de todos los sentimientos generosos; desmoraliza la voluntad social, porque de continuo la solicitan a desarrollar su actividad en el sentido de los bienes físicos, y a permanecer inerte ante los males morales de la sociedad. En una y otra dirección ha hecho la fuerza del periodismo mucho bien. A los pueblos envilecidos por la autocracia monárquica o republicana, los ha moralizado, poniendo al alcance de todos el poder, presentando al alcance de todos la fortuna: ha servido bien al derecho, demoliendo privilegios; a la industria, enalteciendo los méritos del trabajo; a la igualdad, sometiendo todas las jerarquías a su crítica; a la riqueza pública, revelando su origen en el trabajo común, su fuerza en la del capital acumulado, y la potencia del capital en el ahorro. Cuando combate un error jurídico o económico, cuando zahiere una preocupación o un fanatismo, cuando persigue látigo en mano una injusticia, cuando mata civilmente a un hombre malo, cuando hace frente a nombre de los intereses generales a los intereses particulares, cuando asocia contra los que disocian, cuando liberta contra los que esclavizan, cuando educa contra los que embrutecen; en suma, cuando, en nombre de la idea parcial de que son forma, los periódicos políticos o los periódicos industriales coinciden con las ideas, las necesidades, los derechos, los intereses efectivamente sociales, hacen el bien de dar unidad de fuerza a los continuos esfuerzos que hace toda la sociedad por desarrollarse y vivir en sano desarrollo.

Mas no hace entonces el periodismo todo el bien que debe hacer, y aun descontándole el mal que mezcla a los bienes que procura, no se le puede excusar que no sepa servir tanto para moralizar como sirve para desmoralizar.

El periodismo no es en esencia una fuerza privativa, como la han hecho en realidad. Es una fuerza expansiva y comprensiva, que debe extenderse a todo y abarcarlo todo en el sentido de la verdad, del bien, de la libertad y la justicia. Es en esencia una historia continua de una fracción de humanidad que por fuerza ha de exponer indignidades e iniquidades, pero ha de exponerlas, como están, en continua lucha con la dignidad y la justicia. Su norma, como la del historiador, ha de ser la imparcialidad, no solo la del juicio, que declara la verdad por ser verdad, sino la imparcialidad de la conciencia, que aprueba enérgicamente el bien por ser el bien, y condena categóricamente el mal por ser el mal.

Sus armas deben ser la idea del deber, para vulgarizarla e imponerla; el derecho, para enseñar e incitar a ejercitarlo; el orden económico, para oponerlo a los errores de economía social que malogran o desvían las fuerzas productivas; el orden jurídico, para oponerlo a las torpezas de voluntad y de razón que de continuo lo conmueven, lo alteran o lo arriesgan; el orden moral, para presentarlo constantemente como el *desiderátum* de la dignidad humana.

Aunque no hay todavía ninguna sociedad civilizada en donde el periodismo alcance el que debiera ser punto de mira de esa historia cuotidianamente realizada y cuotidianamente escrita, aquellas entre todas las sociedades que mejor han cultivado el derecho y que más reposan en la base jurídica que han construido, son también las en que el periodismo tiene más fuerza social. La tienen, no solo por la eficacia de la obra diaria o periódica, sino porque se encierra mejor entre las dos corrientes de derecho y de interés social, que privativamente despliega en ese sentido o en aquel, la prensa de los demás países.

Así, los periódicos de la Unión Americana, los de Inglaterra, Suiza, Bélgica, República Argentina, Chile, son incomparablemente superiores, por la extensión del propósito y por la relativa fijeza de sus medios de acción, a los de cualesquiera otras naciones.

Pero los Estados Unidos e Inglaterra son los pueblos que mejor han comprendido y practican mejor el periodismo. Son los pueblos en donde la prensa periódica ha servido para secundar los esfuerzos civilizadores, enviando exploradores al África y al Polo; los esfuerzos científicos, promoviendo el progreso de la meteorología; los esfuerzos del arte, iniciando certámenes; los esfuerzos de la confraternidad, estableciendo o aceptando correspondencias de todos los puntos de la tierra; los esfuerzos del sentido común, practicándolo en su propaganda y en sus juicios sobre los hechos humanos.

No obsta la universalidad de miras del periodismo mejor concebido y practicado, para que falseen su juicio y desvirtúen su fuerza, acomodando el uno y extendiendo o recogiendo la otra, a merced de intereses ya particulares, ya de partido, ya de secta, ya de reacción, cada vez que un interés humano se presenta momentáneamente como hostil a intereses nacionales cualesquiera o a cualesquiera intereses del comercio, de la industria o de instituciones poderosas.

II

Si el periodismo es todavía una fuerza ciega, la culpa es del periodista.

No hay ningún sacerdocio más alto que el del periodista; pero, por lo mismo, no hay sacerdocio que imponga más deberes, y por lo mismo, no hay sacerdocio más expuesto a ser peor desempeñado.

De ahí, principalmente, la inmoralidad del periodismo.

El periodismo está de continuo expuesto a una inmoralidad involuntaria y a otra voluntaria; a la involuntaria, cuando por fanatismo político, científico o religioso, se pone en abierta contradicción con la verdad o la justicia; a la inmoralidad voluntaria, cuando vende lo que piensa, piensa por cuanto lo compran, y convierte el sacerdocio de que es indigno representante, en infame granjería.

Como éstos son los periodistas más peligrosos, son los que hacen al periodismo más incapaz de realizar su fin; y como el periodismo desviado de su fin es el menos escrupuloso, el periodista más formidable es el que escuda su villanía, su indignidad y su maldad en el terrible baluarte de un periódico sin conciencia. En la doble acción del periodista malo sobre el periódico malo, y de éste sobre aquél, es en donde suele con frecuencia aparecer más de relieve la inmoralidad social que desarrolla y la inmoralidad social que los sostiene.

Como el periodista innoble se fortalece en la fuerza irresponsable del periódico, es temido por esa fuerza, más que por sí mismo; al modo que, en una tertulia al aire libre, el maldiciente que la anima con sus calumnias no es tan temido por el mismo cuanto por la fuerza que recibe del grupo que lo rodea.

Hay estados sociales en los cuales brotan esos periodistas que usurpan nombre, función y autoridad que no merecen, como brotan plantas espinosas en terrenos incultos o en terrenos agotados; como éstas son hijas de su medio botánico, aquéllas son hijas de su medio sociológico.

Una sociedad infantil, cuyo estado mental es el de las instituciones mal formadas, y una sociedad senil, cuyo estado mental es el pesimismo negativo; son terreno inculto la una, agotado la otra, en donde la función social más civilizadora no puede tener sacerdotes dignos de ella. Los dignos serán la excepción.

No serán la regla general, porque los grandes sacerdocios requieren grandes almas, pero serán mucho más numerosos en las sociedades fuertes por su sana juventud los periodistas aptos para su función.

Aptos, ante todo, por la generosa disposición de su ánimo, por su prontitud de corazón a todo sentimiento generoso, por su candorosa aceptación del deber como regla de conducta; pero no es esa la única aptitud ni la que más se echa de menos en los luchadores del periodismo.

La aptitud que menos tienen, aunque parezca paradójico, es la que más tienen. Generalmente, el periodista es llamado: lo llama la vocación intelectual, y, en general, es inteligente; pero también, en general, es ignorante.

Debiera, si el genio de periodismo que cultiva es el consagrado a la lucha del derecho, estar versado en todas las ramas de la jurisprudencia, en el estudio comparativo de las legislaciones, en la historia de las instituciones jurídicas, y principalmente en la filosofía del derecho.

Entonces no declamaría. No declamando, no desmoralizaría, porque no llenaría de aire la cabeza de sus lectores, ni de exageraciones el sentimiento público, ni de errores la razón común. No declamando, moralizaría, porque prácticamente enseñaría a ajustar medios a fines, procedimientos a propósitos, doctrinas a ideal.

Debiera, si el género de periodismo que ha preferido es el consagrado a la defensa de los intereses económicos de la sociedad, empezar por tener una cultura económica bastante y concluir por tener suficientes conocimientos tecnológicos: la historia general de la industria, la particular del comercio universal, la historia de las instituciones económicas, y, sobre todo, la historia de la civilización humana, deberían ser sus continuos auxiliares.

Si el género de periodismo a que consagra el periodista la altísima santidad de su función fuera el que debiera ser, el periodismo verdadero, el que reúne la forma jurídica a la industrial, el periodista debería brillar como autoridad intelectual en ciencias sociales y morales.

Ni el periodista bueno ni el malo tienen hoy esa cultura. No teniéndola, la primera inmoralidad de que son ejemplo y que autorizan y propagan, es la de encargarse de una función social cuyas operaciones no conocen.

Sin duda que ha habido y hoy brillan con honra para ellos, con utilidad para la institución, con beneficio de la sociedad, periodistas de primer orden, capaces, en lo moral, de la mayor elevación, y de los mejores esfuerzos de cultura y de talento, en lo intelectual; pero esas son individualidades, y la individualidad es siempre extraordinaria.

Gracias a ella conserva el periodismo una parte de su fuerza moralizadora; gracias a ella, se salva de la pendiente de corrupción por donde va; gracias a ella, se reconcilia con la degenerada institución el que tiene de ella la alta y exacta idea que debe tenerse del medio más extenso y más enérgico que existe de exponer a la vista del mundo entero la fuerza y la fecundidad de los deberes.

Capítulo XXXVII. La moral y la industria

Hay algunas industrias que parecen condenadas a ser perpetuo ejemplo de inmoralidad: son las de cambio y producción en corta escala; lo que generalmente se llama *pequeño comercio* y *pequeña industria* en castellano afrancesado.

Tan favorecedoras de inmoralidad son la industria del comercio al por menor, la manufactura propiamente dicha y la economía rural, que una de las contrapruebas infalibles de la honradez nacional y de los hábitos virtuosos de las variedades etnográficas de la civilización, es la equidad en los trueques, permutas, cambios, transacciones y negocios ordinarios. En general, los pueblos del Norte, principalmente los tres de la Escandinavia, son mucho más probos que los restantes de Europa; los del extremo Norte y el extremo Sur de América, mucho más que los restantes del continente.

En esos medios industriales, la producción de la economía rural y la de la manufactura en corta proporción se mantienen siempre en las condiciones económicas de la producción, y el comercio versa sobre productos legítimos y con arreglo escrupuloso a las alzas o bajas legitimadas por la ley de la oferta y la demanda. Consumidores honrados que satisfacen con trabajo sus consumos, esos pueblos producen y cambian con enternecedora equidad y sencillez.

La doblez y la falta absoluta de equidad empiezan para el comercio y la manufactura en corta escala, cuando empiezan las urgencias de la vida urbana. Entonces, toda tradición se olvida: la producción de mala fe y el cambio de mala fe, sustituyen al trabajo honrado. Comienzan las falsificaciones en la producción, y el hurto, verdadero hurto, en el cambio al por menor. Tan pronto como la demanda excede un poco a la oferta, la producción se adultera y el cambio se desmoraliza. Un simple aumento de población flotante en los lugares de Europa y América apropiados para el veraneo, o la simple introducción de un nuevo producto en los mercados americanos no muy abastecidos por el comercio internacional, bastan para iniciar a poblaciones inocentes en las trápalas de la industria de mala fe.

Mas no son, aunque corruptores, esos frutos perversos del lucro a toda costa los que más daño hacen a la moral universal. Eso mina el corazón sencillo de campesinos y aldeanos en los países civilizados o que participan del usufructo de la civilización, y desarraiga de la mente candorosa de las razas primitivas las ideas de equidad y buena fe, de lealtad en los contratos y de veracidad en la conducta; pero se presenta o puede hacerse aparecer como el resultado de la inmoralidad individual.

Cuando la industria se hace solidaria de la inmoralidad de la civilización, o mejor, cuando la inmoralidad de la industria hace responsable de sus faltas, delitos y crímenes a la civilización de que es factor, a la vez que exponente, es cuando, por encima de todas las industrias, se presenta triunfante, satisfecha y poderosa la industria de las falsificaciones, cuando la ley de la competencia degenera en guerra económica y cuando el Estado no retrocede ante el crimen con tal de beneficiar su producción y su comercio.

A ese momento industrial hemos llegado ya hace tiempo. Tanto tiempo hace, que nos hemos hecho indiferentes a ese mal. Y cuando, en cualquiera manifestación de la vida humana, se llega a la indiferencia del mal que con ella se desarrolla, es porque el mal es crónico.

Si un mercado se cierra a productos falsificados o maleados de determinada procedencia, acto de sanidad internacional que muchas veces no es más que un acto de envidiosa protección a los productos propios, suele oírse el vocerío de la prensa universal que repite de eco en eco la misma voz de la alarma, ofendiendo tal vez sin saberlo a la verdad y de seguro favoreciendo el interés económico del que dio la alarma. Eso sucedió más de una vez con los jamones de los Estados Unidos, que efectivamente pueden llevar el germen de muerte que casi en todas partes contienen sus similares, pero que dañan más por la competencia económica en que están triunfando, que por ser más ofensivos que cualesquiera otros jamones.

Mas cuando la prensa universal no vocea, ni los Estados cierran sus puertos, ni cohíben con leyes represivas la producción y el cambio, los productos aparecen *científicamente* falsificados. Grasas, aceites, vinos, vinagres, granos, colores, tintas, tejidos, objetos de primera necesidad, objetos suntuarios, objetos de arte, objetos de ciencia, todo se falsifica, y hay países en donde la mayor fuerza productora de la industria se manifiesta en esa producción de mala ley. ¡Y hecho que patentiza la honda caries moral de nuestro tiempo! Son los dos pueblos que más derecho tienen a la consideración de los otros por el carácter eminentemente edificante de algunas formas de su vida nacional, los dos que más se distinguen, que más compiten en esa odiosa, y a veces, con frecuencia, criminosa inmoralidad industrial. Dolencias gravísimas, que en el curso regular de la existencia no se manifestaban sino de un modo excepcional, muertes entre dolores atroces, envenenamientos súbitos o lentos, son las consecuencias notorias y notadas de esa proterva industria; y, sin embargo, los pueblos y sus gobiernos no se creen solidarios de esos crímenes que tienen todos los caracteres del crimen atroz, desde la premeditación hasta la esperanza de la impunidad. Las dos formas que ha tomado la guerra económica en nuestros días, son igualmente abominables; pero si alguna de las dos hubiera de ser más maldecida, todas las maldiciones de la moral caerían sobre la innoble lucha que se hacen los Estados para asegurarse el prevalecimiento de sus productos y entorpecer o extirpar el consumo de los productos rivales. Las consecuencias morales de ese proteccionismo son inmediatas: las unas, se refieren al descuido y a la falta de emulación para el mejoramiento del producto privilegiado; las otras, se refieren a los esfuerzos contra la ley que regula la necesidad mal satisfecha por la producción privilegiada.

La primera serie de consecuencias trasciende a los hábitos y virtudes del trabajador y del capitalista, en primer lugar, y en segundo lugar, a la dignidad de la nación. Trasciende a hábitos y virtudes industriales, porque altera o paraliza los esfuerzos de buena fe para el aumento y mejora, para el fomento y perfección de la industria. Trasciende a la honra nacional, porque a no ser distinta también de la naturaleza individual la nacional, no puede haber nación que considere honrado proceder el de imponer a mercados menesterosos, aislados o abandonados, los productos que se sabe son inferiores a aquellos con los cuales no se atreven a competir en el suelo nacional.

Nada puede haber más grave para un pueblo que la mengua de su honra ante los otros pueblos; pero como, en cierto modo, la conciencia universal forma la nacional y hasta la individual, las naciones que protegen sus industrias aún sabiendo y por saber que son inferiores, para imponerlas al comercio nacional, al colonial y al extranjero, pueden seguir teniéndose por honradas. Lo que no pueden es evitar el daño que a sí mismas se hacen con su indiferencia moral, y por eso son más graves las consecuencias de la segunda que las de la primera serie, originada por el inmoral propósito de favorecer las industrias nacionales a costa de las extranjeras.

Entre las consecuencias de esa segunda serie, la más imponente, por los crímenes contra la ley y contra las personas a que da nacimiento, es el contrabando. En la actualidad no hay un solo país de la tierra civilizada, ni uno solo, sin exceptuar a la semilibre-cambista Inglaterra, en donde, sobre la infamia de la industria de falsificación, no incumbe la verdadera industria del contrabandista. Y dicho sea sin reparo en nombre de la misma moral que condena el torcimiento de la industria hacia fines tan innobles como los que hoy la dirigen: entre el contrabando, que rehuye el cumplimiento de leyes que violentan el orden económico y los Estados que persiguen a los que tratan de restablecer, aunque inmoralmente, las bases de un orden trastornado, más moral es el contrabando que el Estado que lo hace necesario.

Y si se piensa que el contrabando engendra al contrabandista, que el contrabandista es el instrumento del comerciante, que el comerciante utiliza impunemente los beneficios que le hace el contrabandista, y que éste se pone fuera de la ley y es un enemigo del Estado, que el Estado persigue con agentes organizados y disciplinados para ese solo fin, produciendo sus luchas con los enemigos del Fisco una guerra sangrienta y sanguinaria que en algunos Estados, España por ejemplo, dan a la estadística de los crímenes y las desgracias nacionales un contingente anual triste y sombrío, se sentirá la necesidad de unir sus maldiciones a las que arroja la moral sobre los Estados que malean las condiciones esenciales de las industrias extractiva y comercial, imponiéndose con leyes que las vejan al bienestar de nacionales y extranjeras, y desmoralizando del modo más profundo el trabajo, instituido por la naturaleza para bien individual, social y humano.

Ya, gracias fervientes sean dadas a la alianza de los egoísmos nacionales con el altísimo altruismo de los hombres mejores de este siglo, ha desaparecido la esclavitud que lo manchaba; ya, con ella, la oprobiosa inmoralidad a que concurrían naciones, gobiernos, tráfico y traficantes, compradores y vendedores de almas humanas, sostenedores y utilizadores de la más infame entre cuantas instituciones han servido para patentizar el fácil uso que el hombre hace del mal. Pero tiempo transcurrirá, tiempo lento, tiempo largo, antes de que los pueblos americanos educados por Europa en el uso del trabajo servil, vean devuelta su dignidad al trabajo, su iniciativa al trabajador, su conocimiento del fin para que sirve al capital, su orden a la vida económica, su moralidad a la vida íntima y de relación, privada y pública.

Tiempo será largo el que haya de transcurrir antes de que nos limpiemos de esa asquerosa lacería. No satisfecha de manchar el cuerpo, se ha grabado en el alma de nuestras sociedades. Ni aun el alma saludable de la sociedad norteamericana ha perdonado, y el menor mal que en ella ha producido es grave mal: el de hacerle odiosa una raza de hombres que ha servido de instrumento vil.

En las otras sociedades envilecidas durante siglos por la doble esclavitud del etíope ante la sociedad, y del colono ante su metrópoli, la innoble utilización del hombre como instrumento inconsciente de trabajo empezó por malograr la industria y concluyó por malograr la libertad. De paso malogró la vida de familia y la vida de relación, cuya única base de reconstrucción es hoy el afectuoso corazón de la mujer en la primera, y la tendencia afectiva de la raza latina en la segunda.

Como esa inservible o no utilizada hierbecilla de nuestra región ecuatorial que, arrancada de cuajo, reaparece obstinadamente cuantas veces se ha creído desarraigada y cunde por entre los plantíos, robándoles la mejor parte del sustento, la esclavitud maleó tan hondamente la industria de estos pueblos, que por en medio de los productos más sanos del trabajo libre, reaparece de continuo el trabajo esclavo. Unas veces, como sucede en nuestros más oscuros centros industriales, el comerciante voraz compra en flor la sementera, convierte *ipso facto* en esclavo el trabajo libre que servía para sustento de una familia y una industria, y corrompe la industria y la familia. Otras veces, como en México, por lo menos en la Península de Yucatán, el pobre, el bueno, el benigno, el laborioso indio yucateco, violentado por malas cosechas, por malos negocios o por torpes transacciones, *hipoteca* el trabajo de sus hijos. Otras veces, como acontece entre los *quichuas* de las altiplanicies del Perú, el engaño y la malicia hacen siervos de hombres libres. Otras veces, emisarios infames de esa innoble industria que no sabe prosperar sin esclavizar, han ido a la India y a la China, han hecho cómplices suyos a Inglaterra, a la Unión Americana, a España, al Perú, han convertido en encubridores de su inicua trata a los representantes consulares de esas naciones en el Extremo Oriente, han engañado con viles promesas a los pobres coolies y a los labradores del Quang-Tung, y esclavizándolos a dolorosos contratos, los han traído a mal morir en las sentinas de los barcos en que los hacinaban o en la horrible existencia de las colonias inglesas, de Filipinas, de Cuba, del Perú, de California, horrible existencia de parias, de verdaderos parias, de hombres que dan asco, de sombras que horripilan, hasta que un día, como en Jamaica, los fusilan en tropel por celebrar ceremonias del culto budista, y otro día, como en California y en los campos del Perú, los persiguen por competencias económicas.

Sin duda que en una industria así manchada con crímenes tan oprobiosos no tiene ante la moral sencilla el esplendor con que se presenta a los ojos deslumbrados del epicúreo; pero aún ha hecho más para hacer más abominable el satánico jesuitismo con que sacrifica los medios a los fines. Ha hecho más. Ha convertido naciones ilustres en la historia de la Civilización, como Inglaterra, en impositora de un vicio horrendo a una sociedad de cuatrocientos millones de seres humanos, o como España, en impositora de un privilegio enervante e incivilizador en favor de sus hijos territoriales contra sus hijos coloniales.

La guerra del opio, una guerra mortífera, inicua y vergonzosa, exclusivamente hecha por Inglaterra contra China para imponerle el consumo del opio que un emperador digno de eterna loa quiso a toda costa impedir que siguiera labrando la vida y la moral de sus súbditos, es la tercera forma, no más aterradora que las otras, pero tan inicua como las otras dos, que ha tomado en nuestros tiempos la inmoralidad industrial.

Muchos errores y muchos delitos ha cometido Inglaterra por favorecer su industria; pero tan horrendo como la guerra del opio, tan infame como la mortal narcotización de todo un pueblo para ganar así unos cuantos millones de libras esterlinas, ninguno. ¡Y pensar que ese es el pueblo del siglo XVII!

La guerra sorda, continua, sin cuartel, que a principios del siglo estalló en todo el Continente, desde México hasta el virreinato de Buenos Aires, dando al fin por bendecido fruto la abolición del principio industrial obtenido por los españoles de territorio contra los españoles de origen y derecho, ha continuado y continúa en Cuba, en Puerto Rico, en Filipinas, sociedades cuya potente vitalidad, cuya fuerza económica, cuyos beneficios industriales explotan a mansalva los españoles que usufructúan su privilegio contra los insulares que sienten ligados sus movimientos por ese privilegio. En el fondo, no es la política, no es un plan político, es la industria, es un plan industrial el que esclaviza a esas islas malogradas para la libertad, para la civilización, para el mundo y para España misma.

El día en que estallen, la moral industrial habrá dado en ellas un gran paso. Si España quiere que no estallen, haga a la moral el bien de no supeditar la libertad de tres sociedades al beneficio industrial de pocos, y no los mejores, de sus hijos.

Capítulo XXXVIII. La moral y el tiempo

El tiempo, para el trabajo, es aire; para el ocio, plomo.

Como plomo, pesa en pequeñas cantidades lo que en grandes cantidades el trabajo, y es natural que de continuo busquemos el modo de descargarnos de la carga fatigosa.

En el modo de descargarse está gran parte del arte de la vida, y en combinar el pasatiempo con el tiempo empleado en el trabajo está la superioridad o la inferioridad de una civilización. En la civilización más adelantada, que ha de ser la más moral, está ingeniado el pasatiempo con propósito de bien, para evitar el mal de que la ociosidad es consejera. En la civilización menos desarrollada, que es, por menos racional, menos moral, el pasatiempo es violenta supresión de tiempo. La civilización moral ha de llevar el orden al descanso del trabajo. La civilización inmoral altera el orden o continúa el desorden en las horas del reposo y del solaz. La una sabe distraerse, traer su atención, de una ocupación de tiempo que la absorbe, a otra ocupación de tiempo que la encanta. La civilización inferior no sabe más que divertirse; verter a raudales en nonadas peligrosas el tiempo que pesa sobre individuos, grupos y sociedad entera. La vitalidad de todas las formas religiosas está íntimamente relacionada con este serio problema sociológico del empleo del tiempo sobrante. La enérgica resistencia de las diversiones más inmorales a argumentos de razón y de experiencia, se explica por la necesidad en que pueblos e individuos están de deshacerse de la carga del tiempo sobrante.

Los vicios más rebeldes, que son los de sensualidad, contra todo remedio se rebelan y resisten por el vergonzoso poder que tienen de absorber fuera del tiempo los sentidos.

Los vicios más cobardes, la difamación, la maledicencia, la calumnia, porque matan el tiempo, sobreviven.

El culto, en las religiones positivas, es la raíz más profunda de la fe. Cuanto ésta es más irracional, tanto el culto es más teatral. Lo que no se puede obtener por devoción, se obtiene por diversión. De ahí, en el fondo histórico de todas las religiones monoteístas, el germen de politeísmo que se ven forzadas a cultivar con esmero para entretenimiento de las multitudes. Cuanto mayor el número de atributos de la divinidad, y más numerosas sus manifestaciones y personalizaciones, tanto más frecuente el culto, tanto más fecundo en pasatiempo. Las innumerables legiones del brahmanismo y del budismo, al arte de brahmines y bonzos en divertirlas con sus cultos respectivos deben la disminución de carga, que es para ellas el tiempo y la flemática fidelidad con que resisten a la propaganda y al espectáculo del protestantismo en la India. Son, entre indús, tibetanos y chinos, deduciendo confucianos, mahometanos, parsis, nanakianos, panteístas, indiferentes y librepensadores, unos seiscientos millones de seres humanos, sobre los cuales pesa el tiempo con la abrumadora pesadumbre con que pesa en aquellos campos de batalla del trabajo en que la competencia biológica no ha podido moderarse ni por la ejemplar sobriedad del combatiente, ni por la fecundidad de recursos naturales en el suelo del combate, ni por la portentosa laboriosidad y la industria secular del mejor mantenedor de ese combate, el chino.

¿Qué sería de ese hormiguero de racionales, si sus religiones no le hicieran soportable el tiempo? ¿Qué de los doscientos cincuenta millones de católicos que generalmente pululan en las sociedades menos industriosas de Europa y América, si el oculto de su Iglesia no los divirtiera casi todos los días del tiempo que casi continuamente les sobra?

Cierto que el tiempo empleado en el culto es una resta formidable y está lejos de ser un empleo útil; pero, al menos, en esa disipación entra de algún modo la idea del deber en cuanto el religionario está obligado por su religión al culto.

Infinitamente, de todos modos, menos inmoral es ese abuso del tiempo que el favorecido por las cien instituciones del vicio que se levantan en el seno de la civilización a acusarla de su incapacidad para aprovechar en distracciones civilizadoras y moralizadoras el tiempo social que sobra cada día después de las faenas de las industrias mecánicas y racionales. El teatro, que es una institución de esa buena especie, pasatiempo educador como ninguno por ser más accesible que otro alguno a la receptividad mental y sensitiva del pueblo, en ninguna parte es una institución popular ni nacional; no popular, porque no alcanza sistemáticamente al pueblo; no nacional, porque reduce su acción a las grandes capitales, y pocas veces llega a las pequeñas, y nunca a la población rural. La escuela nocturna, que debiera ser en todas partes un atractivo irresistible para la falange industrial que conduce a las naciones, no se ha extendido bastante a villas, burgos, villorrios y aldeas, y en parte alguna tiene fuerza de atracción bastante para disputar su presa a los centros de depravación.

Las conferencias literarias, científicas, religiosas, políticas, económicas, son privilegio de los grandes centros.

De ellos también, como si solo en ellos indujera la sobra de tiempo a excesos criminales, es privilegio exclusivo la benéfica propaganda de las asociaciones establecidas contra la intemperancia.

La patinación artificial, los gimnasios, las salas de armas, las de tiro, los ejercicios de bomberos, las sociedades de tiro al blanco, las excursiones fluviales y marítimas con propósito de educación placentera, son instituciones privativas de un cortísimo número de individuos en el cortísimo número de ciudades norteamericanas, suizas, inglesas y alemanas en que existen.

Los Ateneos, Liceos, Academias, Casinos, instituciones dos veces preciosas porque convierten el estudio en placer, y porque al placer del estudio facilitado por la palabra viviente del propagandista, agregan los amables solaces de la sociabilidad, son mucho menos generales de lo que debieran, y en parte alguna alcanzan con su fructífero pasatiempo al fondo de la masa social.

Los conciertos populares, que usurpan su apellido, porque casi nunca se ponen al alcance del mínimo ahorro que puede hacer el llamado hombre del pueblo, debiera ser una verdadera institución nacional en todos los países, y alcanzar con su benéfica acción a la población aldeana y rural. Los orfeones, las sociedades corales, las asociaciones filarmónicas, debieran dondequiera corresponder al hondo intento de educación popular y nacional que tienen en Alemania, y sorprender, como allí, al trabajador en su taller y al labrador en su labranza.

El estúpido militarismo que hace omnipotentes en Europa a los inmorales que explotan la necesidad y la ignorancia de la turba, podría convertirse en un semillero de instituciones culturales y de útil, honesto y fecundo pasatiempo, si se convirtiera la atención popular hacia los ejercicios gimnásticos, militares y estratégicos en que es educada toda la porción de europeos que el ejército permanente roba a la industria, al arte y a la ciencia.

Los paseos públicos, que en vez de exhibiciones del lujo insolente y de la vanidad triunfante, debieran ser, en lo posible, remedos placenteros e instructivos de la naturaleza; los jardines botánicos; los museos zoológicos, pictóricos y antropológicos, que debieran, como las bibliotecas, hacerse instituciones campestres como urbanas, para empeñar a la muchedumbre en la dulce tarea de ver cada vez mejor el mundo que nos rodea, la cadena biológica de que somos eslabón, el movimiento del arte en tiempo y países diferentes, el proceso de la vida humana desde la edad remota de la tierra, al través de todas las edades de la civilización, son hoy instituciones exclusivas de las que se llaman aristocracias del privilegio, de la fortuna o del saber en solo las grandes capitales de naciones ya robustas.

Mientras la civilización no sepa emplear el tiempo que le sobra después del trabajo de cada día, no será una verdadera civilización, porque no sabrá emplear la primera riqueza y la más trascendental.

Esto es interés de todo el mundo. A nadie, por laboriosa que su vida se deslice, le falta un momento de ocio en que sentirse abrumado de fastidio, porque necesita un solaz social y no lo encuentra, o tiene que aceptar como tal, en la mayor parte de las residencias de este mundo, alguno de los pasatiempos que repugna la razón.

A la mayor parte de los hombres sobra tiempo, aunque solo sea el cada día deducido del trabajo cuotidiano, para aburrirse de sí mismo y de los otros y para verse expuesto a optar entre fastidiarse a solas o corromperse acompañado. Tanto ha conocido la lírica del día esa doble faz del problema del tiempo, que, cantando el tedio, ha divinizado crímenes, vicios y monstruosidades hijos del fastidio de sí mismo, y que el fastidio de sí mismo ha acogido como inmortales protestas de la justicia y del dolor contra el infame orden del mundo en que el tiempo es plomo que pesa sobre todo el que no tiene dignidad bastante para emplearlo en el trabajo. Las noches de las grandes ciudades son probablemente superiores, en los pueblos más prósperos de la civilización actual, a la vida nocturna de Atenas; pero las instituciones atenienses, o más históricamente, las costumbres de los atenienses, que tenían por objeto el empleo popular del tiempo que sobraba cada día, serán perpetuo motivo de generosa envidia para todos los que puedan seguir con los ojos de la mente el movimiento de la ciudad por excelencia, en las palestras, en las plazas publicas, en el Pórtico, en la Academia, en los alrededores, ejercitándose en ejercicios del cuerpo, de la mente y del ánimo y siguiendo material y mentalmente las huellas de Sócrates, de Zenón, de Platón, de Aristóteles y de los cien sofistas que enseñaban a mal razonar, pero que enseñaban también a emplear el tiempo sobrante en hacer menos mal del que es capaz de hacer un ocioso que tiene hambre de placer o que está agobiado por el peso de las horas.

Libros a la carta

A la carta es un servicio especializado para

empresas,

librerías,

bibliotecas,

editoriales

y centros de enseñanza;

y permite confeccionar libros que, por su formato y concepción, sirven a los propósitos más específicos de estas instituciones.

Las empresas nos encargan ediciones personalizadas para marketing editorial o para regalos institucionales. Y los interesados solicitan, a título personal, ediciones antiguas, o no disponibles en el mercado; y las acompañan con notas y comentarios críticos.

Las ediciones tienen como apoyo un libro de estilo con todo tipo de referencias sobre los criterios de tratamiento tipográfico aplicados a nuestros libros que puede ser consultado en Linkgua-ediciones.com.

Linkgua edita por encargo diferentes versiones de una misma obra con distintos tratamientos ortotipográficos (actualizaciones de carácter divulgativo de un clásico, o versiones estrictamente fieles a la edición original de referencia.).

Este servicio de ediciones a la carta le permitirá, si usted se dedica a la enseñanza, tener una forma de hacer pública su interpretación de un texto y, sobre una versión digitalizada «base», usted podrá introducir interpretaciones del texto fuente. Es un tópico que los profesores denuncien en clase los desmanes de una edición, o vayan comentando errores de interpretación de un texto y esta es una solución útil a esa necesidad del mundo académico.

Asimismo publicamos de manera sistemática, en un mismo catálogo, tesis doctorales y actas de congresos académicos, que son distribuidas a través de nuestra Web.

El servicio de «libros a la carta» funciona de dos formas.

1. Tenemos un fondo de libros digitalizados que usted puede personalizar en tiradas de al menos cinco ejemplares. Estas personalizaciones pueden ser de todo tipo: añadir notas de clase para uso de un grupo de estudiantes,

introducir logos corporativos para uso con fines de marketing empresarial, etc. etc.

2. Buscamos libros descatalogados de otras editoriales y los reeditamos en tiradas cortas a petición de un cliente.